目次

Part 2
復健

Part 3

挑戰

Part 4

傾訴

推薦序01

收傘，讓韋齊走出自己的路

劉銘
作家、混障綜藝團團長

是哪一年，我已記不得時間和地點了，但是我和韋齊媽媽的對話，依然清晰地留在腦海。韋齊媽媽希望韋齊能夠成為混障綜藝團的團員，而我只要求她一定要配合一件事情才可以入團。

什麼事情呢？那就是當韋齊隨著混障團外出表演時，爸媽不能夠參加，因為爸媽在韋齊參加其他團體的活動，都是亦步亦趨地跟著，將女兒照顧得好好的。媽媽表示，韋齊確實很不方便，如果他們不跟著的話，誰來照顧女兒呢？

我只說了一句，媽媽就願意配合了。我跟媽媽說，除非你能保證自己比女兒活得久，否則韋齊終究要學習獨立；越早放手讓她學習，她會學得越好。就這樣，韋齊成了「混障」團員之一，而且變得越來越好，在她身上散發出越來越多的正能量。

記得她還是國中生時，那時還不是混障團員，有一次在臺北國父紀念館演出，我剛好擔任主持人，那時的訪談她完全答非所問，我還打趣地表示，她是我所有的受訪者中，最難訪問的人。如今她在舞臺上，卻已能侃侃而談了。

就這樣，她的「人生版圖」越來越廣。先後完成泳渡日月潭，騎著特製的自行車環島之行，最讓人不可思議、津津樂道的是，她挑戰臺灣第一高峰玉山攻頂成功。舉凡種種，無疑地，韋齊為自己的人生交出了一張漂亮的成績單。

韋齊能夠走出雙手雙腳截肢的障礙，走入社會、發熱發光，爸媽絕對是她背後重要的推手。尤其是媽媽，不斷為女兒尋找資源、開創新局；現在韋齊的故事要出書了，又拼湊了一塊版圖進來。

韋齊請我為她寫書序，我不希望都寫歌功頌德、豐功偉業，雖然這些都是具體事蹟，值得被看見、被嘉許。然而我更希望寫一些外人看不見的，尤其是韋齊加入「混障」這些年，有不少時日與我們朝夕相處，我看到的絕對比外人看到的更多、更真實，所以我想寫一些中肯的建言。

我認為媽媽為韋齊撐起的保護傘，只有在「混障」的時候才收傘。當韋齊步出這個團體時，媽媽的傘又大大地撐了起來。期望媽媽能讓韋齊接受新事物的學習，尤其是人際關係的互動，不要怕收傘，不要怕親子之間的碰撞，不要認為問題放在那裡，「時間」會自然而然地解決。唯有勇敢的面對，孩子才會自我茁壯，未來人生的道路，才會越走越寬廣。

推薦序02

生命中不計其數的奇蹟

吳錫銘
世界和平會創會主席

多數人相信人會受到命運的安排、擺布，於是一切的感傷、哀怨因此而生。然而，我們在人類社會中也看到一些生命的奇蹟，韋齊就是其中的佼佼者。

對一般人來說，截掉一肢、一掌，乃至一根手指頭，都是不可承受的痛，可能因此一輩子活得很痛苦，甚至活不下去。但了不起的韋齊，卻創造了生命中不計其數的奇蹟。

首先，她克服了身體、心理的創痛，正常地生活著。我們難以想像，韋齊能自己走路、騎腳踏車上下學、自己上超商、自己用餐、自己運動、自己學跳舞。她生活的正常化，絕不輸四肢健全的普通人。甚至於她生命的飛躍，遠遠超過一般人，也因此開創了無數的奇蹟。

在她自己的努力、父母的引導、親友的讚譽與協助之下，她屢屢突破自我。十五歲獲得「總統教育獎」，二十歲登上雪山東峰，二十一歲登上玉山主峰，二十二歲騎單車環島為「波麗士」大人傳愛，並榮獲臺灣十大傑出青年「兒童・性別・人權關懷獎」，二十三歲挑戰萬金石馬拉松、泳渡日月潭，二十四歲挑戰飛行傘向國軍致敬。這些榮譽，不要說截去四肢的年輕人獲得，即便是正常人都難以做到。

韋齊的精神是令人欽佩的，她不只是臺灣之光，也是全人類社會的明燈。如果我們能夠大力傳揚韋齊這種不被命運擊敗、艱辛困苦奮鬥、創造無數成功的精神與事蹟到全世界，那麼，人類社會還有什麼黑暗、怨恨、鬥爭、不滿等負面現象呢？

多年前，因協助推廣劉銘老師的混障綜藝團活動而結識韋齊。去年，知道她長年學畫，正計畫推出二十五歲的第一次畫展「花樣年華」。我立即安排由世界和平會主辦二〇一八年全臺巡迴畫展，期望能協助韋齊成為一名畫家。也可以讓她由奔波勞累的跳舞表演中慢慢淡出，讓比較靜態的作畫，成為她維生的工作。並且，我也計畫在三年後，將她的畫展推上國際舞臺！

推薦序03

勇於挑戰又特別的韋齊

新北市政府警察局新莊分局主任秘書 許春忠

韋齊，一位勇於挑戰的特別女孩。

第一次見到韋齊，先聽到的是爽朗歡快的笑聲，讓人聞之心情也隨即放鬆愉悅起來，這就是韋齊吸引人的魔力。二〇一五年，韋齊想騎單車環島為警察加油，來到新莊分局想請分局長授旗。長達十八天的單車環島之旅，對一般人來說已屬挑戰，更遑論行動不便的韋齊。

時任分局長的溫枝發（現任新北市政府警察局副局長）對韋齊的壯舉甚為感動，除小心叮嚀韋齊注意行車安全外，也聯繫環島路線所經的各地警察機關，請同仁提供必要協助。活動中更有警察同仁自發性陪騎，環島之旅在眾人努力下圓滿成功，一同見證了韋齊過人的毅力及決心。

正所謂「花若盛開，蝴蝶自來；人若精彩，天自安排」，韋齊不以身體的缺陷為阻礙，反而將缺陷轉化為挑戰自己、突破自己、實現自己的契機與動力，這份「有志者事竟成」的精神，實在值得我們敬佩、學習。最後，希望韋齊除了將自己的正面能量傳承下去之外，也能夠多多保重身體，永遠平平安安、快快樂樂。

推薦序04

上天給的越多，對你的期望也越高

陳宗聖
苗栗縣生命線協會第13–14屆理事長

猶記七年多前，我在嘉義高工北區校友會會長的交接典禮上，委請好同學王春葉協助安排序幕展演，因而認識了韋齊。當時這位沒有手沒有腳的小女孩，非常生澀地坐在桌邊一角；可能與大家不熟或是與眾不同的關係，她不太與人互動。

但上臺表演時，韋齊卻充滿能量且魅力四射，當時心想，如果可以有機會經常邀請韋齊演出，一定可以帶給許多人正向的影響。演出後，我特別上臺給韋齊大大的擁抱，這擁抱開啟我與韋齊之間的連結。

韋齊與我的孩子年紀相當，認識韋齊後，我一直將她當成自己的孩子般看待，經常鼓勵她不能小看自己，任何人能做的事，韋齊一定也可以。甚者，如果所設定的目標能在韋齊身上實現，社會大眾也會得到莫大的鼓舞。我們不能為生命增加時間，但可以為時間增加生命力，「韋齊可以，你一定也可以」。韋齊身體力行，在幾百場生命教育的演講中，給予人們最佳生命力的呈現，令人感動。

我經常鼓勵韋齊勇敢創夢，不要認命，而要懂得運命。每一個想法、每一個動作，都要讓它實踐。看見韋齊用雙手雙腳完成各項壯舉，親力親為帶給社會無限正向的影響力，使自己成為一位有價值的人，我感到非常欣慰。

「成功不在於我們贏過多少人，而在給過多少人希望」，韋齊的表現對於社會大眾有良善的啟示作用，因此我特別叮嚀身為半公眾人物的韋齊，凡事必須更加謙卑，人生態度必須更加柔軟。對於父母親的栽培與周圍眷顧的人要更加感恩。取之社會用之社會，相信韋齊一定可以做得更好，足以為社會大眾的表率。

混障綜藝團劉銘團長經常分享：「樂觀的人永遠有路可走，悲觀的人永遠無處可去。」我們都要懂得一個道理——不需要讓所有人都認識你，但一定要認清你自己。

希望韋齊未來的人生道路，一直保有樂觀的態度，能夠經常帶給人們希望。值此韋齊人生前半場發行此書之際，特別給予韋齊加油鼓勵，深切期盼本書能夠持續發揮正向影響力，帶領人們邁向康莊大道。

推薦序05

永恆溫馨的太陽

林口長庚醫院兒童神經內科主治醫生
王煇雄

韋齊在兒時因細菌感染（猛爆型紫斑症 purpura fulminans）致四肢壞死而截去上肢到手肘、下肢到膝蓋，四肢都只剩半截不到，沒手沒腳極不方便。她穿戴簡單的義肢，不只會走、會跑、會化妝，還會跳舞、彈鋼琴、繪畫，完成「大三鐵」的壯舉——登玉山、雪山、單車環臺、泳渡日月潭，幾乎沒什麼事難得倒她。若跟她比，跳舞、鋼琴、繪畫我樣樣不會，可能連走路、跑步都沒她快。

韋齊無時無刻不像太陽般發光發熱，除了到學校、教養院、老人院、看守所表演鋼琴、舞蹈等才藝，也正展開全國巡迴畫展，一刻也不得閒。韋齊努力完成許多不可能的任務，把溫暖帶給每一位需要的人，不喊累，不叫苦。

韋齊規律地每三個月一次回來門診看癲癇，每一次都得知她又有新的行動與計畫，每天過得比誰都精彩。癲癇沒難倒她，耐心服藥與充足睡眠是控制癲癇的不二法門，她當然都做到了。

韋齊不只是臺灣十多萬癲癇患者的楷模，更超越了肢體不便的極致。仰仗著她陽光的心態、勇敢的毅力、吃苦耐勞的精神，以及劍及履及的執行力。每次在門診見到她，我除了由衷的佩服還是佩服。如果她肯學醫，我馬上起身把我的位子讓給她。只是這國內越來越沒人愛的工作，新世代的韋齊恐怕也不要，她還是繼續當她溫馨的太陽最稱職。

推薦序06

韋齊，真是好樣的！

新北特殊教育學校床邊教學教師
邱相匀

認識韋齊是在韋齊發病的那一年，二〇〇〇年九月，當年應是韋齊小一要升小二的階段；回溯十九年前，翻開我的病房學生上課日誌，過去的影像一幕幕重現在眼前。

韋齊在發病後無法順利地從一數到十，更遑論十以內的加減法，甚至連原本最擅長的注音符號也都完全不記得了。無法正確地發音與認字，無法說出一句完整的話，即使是自己最喜愛的麥當勞，也只能說出「當」字。慢慢地在各種引導下，「當勞」、「麥當勞」，逐漸成型，歷經多時終於才得到獎勵品——一包麥當勞薯條。

認知的學習、生活上的四肢運用，種種困難一再考驗著韋齊。在自己的努力、家人陪伴及復健團隊的協助下，韋齊的生命逐漸露出曙光！在這段艱辛的復健過程中，我看到了家人不離不棄的陪伴，也看到了韋齊的堅忍性格，譬如「雙手」（其實已沒有「手」了）的使用。在練習握筆的過程中，雖然「雙手」不聽使喚，但韋齊仍堅定地不使用義肢，慢慢夾、慢慢找出固定的方式，逐漸能運用它們來寫字、畫畫、彈鋼琴。

隨著年齡增長、身形變化，韋齊「雙腳」的義肢也需跟著調整。雖然膝蓋附近為了與義肢磨合而破皮了、流血了、長繭了，韋齊還是要帶著它們一起上玉山、一起騎車環島、一起舞動生命中多彩的旋律。還記得上玉山的那一年，韋齊拍了一張與義肢合影的照片給我，還問我：「老師，妳的腿可以跟我一樣放在前面合影嗎？」這就是令人又想笑又想好好地、心疼地擁抱在懷裡的韋齊，老師想對妳說：「真是好樣的！」

病後十九年的磨難歲月，多的是淚水與低落情緒，但相信韋齊也找到了成就的喜悅。我想跟韋齊說，未來還有許多個十九年，不要忘了曾經陪伴過妳一起走過、讓妳有力量站起來、讓妳生命中充滿色彩的父母、家人、老師，及所有幫助過妳的夥伴。

不管是支持妳，還是打擊妳的，都要成為妳繼續前進的力量。心存感恩是最有福的，老師祝福妳未來的日子裡，用妳那雙明亮的雙眼，發現周遭美好的人、事、物，讓它們成為妳最重要的成長養分！

推薦序07

建造韋齊的藝術彩虹橋

卓明珠
繪畫啟蒙教師

十七年了，我依稀記得畫室電話響起的那一天，話筒裡傳來一位用心的媽媽敘述孩子的遭遇與需求。郭韋齊，一個在七歲因為重感冒導致敗血症而被迫切除四肢的女孩。掛上電話，我知道畫室裡即將有一位沒有四肢的學生，這對我在美術教學上是一大考驗——肢體殘缺孩子，究竟該如何作畫？真是一個極大的挑戰！

還記得，當時我先電話詢問口足畫家謝坤山老師，瞭解有關口足作畫的困境與經驗，戰戰兢兢地做教學的事前準備，並自己嘗試以口和手臂作畫。實驗後，確認韋齊是可以用手臂作畫的。這個發現讓我振奮許久，讓我對韋齊走美術這一條路有了信心。

期待多日，終於見到韋齊。韋齊在爸爸的攙扶下，艱辛地步上三樓畫室，到現在我仍清楚記得那感人的畫面。自從韋齊加入畫室，教室裡不但充滿正能量，同時也彌漫著愛。偶爾，韋齊的義肢脫落，踢飛在空中，教室裡頓時空氣凝結、鴉雀無聲，但下一秒，樂觀的韋齊會帶著大家哄堂大笑，這就是淘氣的韋齊。

時光荏苒，韋齊已經是亭亭玉立的大女孩了，在她「永不放棄，創造奇蹟」的信念下，一次次地挑戰自己，在各個領域都有很傑出的表現。而在繪畫這一條學習之路，韋齊因為身體缺陷而比別人更辛苦，但我相信韋齊一定可以架構一座專屬她的藝術彩虹之橋，把這些年來在她內心蘊藏的夢想世界，以繪畫的方式展演出來。藉由為韋齊的生命之書寫序的機會，我要大聲地對她說：「郭韋齊，妳真的很棒！」

推薦序08

充滿夢想的隱形翅膀

呂億如
新北市新莊區榮富國小教師

我和韋齊的師生情誼緣起於十五年前，猶記得那是開學第一天，也是和韋齊初次相見的日子。因為忙著排座位、發教科書，我還來不及和她多聊些什麼，突然，韋齊的癲癇發作了。在她休息恢復後，她用微弱的語氣對我說的第一句話是「老師，不好意思，嚇到你了！」這句話讓我鼻頭一酸，眼眶都濕了，望著她，我心中好不捨。才十歲多的她，瘦弱的身材、稚氣未脫的臉龐，竟然要承受這麼多的病痛與磨難。

接下來在與她相處的過程中，看著她勇敢面對生活及學習的各種考驗，用手肘夾筆寫字、騎腳踏車出門買東西、畫圖、練舞、彈琴，樣樣都是辛苦的挑戰，但卻樣樣都沒有難倒她，因為她在背後默默付出了讓人難以想像的努力。

韋齊國小畢業後，還常回學校與我分享生活的點點滴滴。看著她一路從稚嫩的小女孩蛻變為亭亭玉立的少女，聽著她描述去監獄演講鼓勵受刑人、加入混障綜藝團表演的故事，我不但聽得津津有味，也佩服她對生命的熱情。

這幾年我因為調離原本服務的學校，與韋齊見面的機會少了。但每次從媒體看到關於她的報導，依然讓我悸動不已，無論是挑戰雪山、攻上玉山、自行車環島、畫作義賣等，在在展現了她旺盛的生命力。

我想就是這股不服輸的精神與鬥志，才讓她不被病痛擊倒，勇敢地活出自己，讓自己的生命發光、發熱。雖然失去了手腳，但韋齊的堅毅，卻讓她擁有一對隱形的翅膀。願她繼續用這對充滿夢想的隱形翅膀，飛得更高更遠，開展她絢爛的人生。

推薦序09

韋齊，我極為佩服與欣賞的好朋友

吳佳穎
戶外運動教練

認識韋齊是朋友帶她來聽我的演講。她跟我說，她也想挑戰自己、冒險一下。我說：「那就來爬臺灣第二高峰——雪山吧！」

那次的雪山挑戰，我邀請韋齊爸媽一起來，郭爸、郭媽一口答應，儘管他們並沒有爬山經驗。整個爬山過程，我清楚看到韋齊背後的兩位推手，因為他們的堅忍不拔，才能一路帶著韋齊到現在。之後的玉山、單車環島、泳渡日月潭，郭爸、郭媽都與韋齊共同經歷。

韋齊最讓我印象深刻的是，在登玉山過程，她走得非常辛苦。因為有了雪山的經驗（沒登頂就撤退），挑戰玉山時我跟夥伴們堅持一定要韋齊自己走。除了登頂後的下坡路由我們背韋齊一小段以外，其他路程都要自己走。

第一天走到哭鬧的韋齊，我還是堅持讓她走到排雲山莊。其實，在韋齊哭的當下，我差點心軟。但我知道這是她的選擇，就要自己走完。這個信念也讓我們一行夥伴一路陪著她、鼓勵她，一步一步走到玉山主峰頂。

登頂的那一刻，看到韋齊永不放棄的精神，其實我自己非常感動。一路協助韋齊完成爬玉山、單車環島、泳渡日月潭的挑戰，我要謝謝韋齊讓我學習到「恆毅力」與「意志力」。我常常跟韋齊說，這些挑戰這麼難你都過了，生活上的挑戰也可以慢慢克服。只要你願意一步一步慢慢的走，沒有我們這些大哥哥、大姊姊陪你，你也可以完成目標。

郭韋齊自述　悲觀後的樂觀

這是第一本以我的人生為主題而寫的書，以往我只出現在課本[1]的小部分，希望這一次完完整整的紀錄，能幫助和激勵許多與我類似的人，也找到自己前進的方向與勇氣。

我接觸過不少身心障礙的案例，可惜喜劇少、悲劇多。

有些悲劇是因為父母自己沒有走出來，無法「面對」及接受孩子的殘障（尤其是因後天生病或意外事故所造成）。父母活在恐慌中，當然無暇且無心照顧孩子。有些是因為父母不願意孩子失去手腳，所以遲遲不肯做「截肢」的決定，最後因鼻胃管插太久而導致孩子不會說話。有些則是孩子自己抗拒截肢，直到最後必須截肢時，父母不知如何處理孩子的情緒問題，全家沉溺於痛苦的深淵中。

[1]《國小國語課本（三下）》（翰林版）第四課：〈用膝蓋跳舞的女孩〉

我的狀況比較例外，最初是因為我病後傷到腦子，所以對自己截肢的狀況沒有太多想像與感覺。這樣反而很好，我的情緒不需要被特別地安撫。當我吵鬧的時候，只要媽媽拿出交換條件，我就會乖乖聽話。

我認為，事情發生後，家人之間不要再追究誰對誰錯，應該積極地陪伴孩子。而且要把孩子帶出來接觸社會、參加活動，這樣狀況才會更好。千萬不要躲起來，全家一起「自我封閉」。

這一路走來，我雖然克服了很多困難，做到許多讓人覺得不可思議的事。但，我知道自己未來的人生道路仍不平坦，困境還很多。不過，我一定要藉由這次的機會，好好感謝許多一路上幫助我且不求回報的人。

- 感謝媽媽不放棄我，不肯把我送到孤兒院或保育院。
- 感謝爸爸對我的陪伴，開車載我到處去表演、演講。
- 感謝弟弟對我的包容，承受將來可能需要照顧我的壓力。
- 感謝吳佳穎老師點燃我的希望，帶我成功挑戰玉山攻頂與「大三鐵」。
- 感謝截肢協會曾一士理事長，為我開啟一扇生命的窗，讓光能夠照進來。
- 感謝苗栗縣生命線協會陳宗聖理事長，幫我整理資料，才能獲得十大傑出青年的殊榮。

- 感謝混障綜藝團劉銘團長訓練我口才、獨立，寬容並原諒我的過錯。讓我從只會說「不知道」，到現在能與社會上各行各業的人流暢地互動。
- 感謝國中同學黃聖耀做我的隱形翅膀，是我可以真心談話的知己，儘管我們不常見面，但心靈很親近。
- 感謝各階段在校時的老師與教官，尤其是輔導老師與特教老師，謝謝你們對我的特別關照與協助。
- 感謝許多學校及單位邀我擔任生命教育的講座及演出，讓我更加勇敢及有自信。最後，感謝老天爺不放棄我，感謝自己堅持走到現在。

許多媒體稱我「微笑天使」，我的微笑來源其實是老天爺、我的爸爸，以及不放棄自己的信念。在我心目中，微笑是世界上最美麗的表情，也是最動人的非語言訊息。雖然這輩子我沒辦法像其他人那樣生活，但我期許自己至少能是個樂觀的人，面對生命的得失盈缺，仍能繼續保持微笑，帶給自己與他人正面能量。

郭韋齊

前言　流過淚，笑容更甜美

二〇〇一年，我看到韋齊的新聞報導。當時眼睛就無法從報紙上移開，想著：「韋齊才七歲就被截去四肢，未來的人生該怎麼走？」她與我的女兒同齡啊，同理心油然而生。因此，不只為了韋齊，也是為了她的母親，我決定幫這家人多做一些剛開始只想到募款，巧合的是，韋齊的國小教務主任胡峻豪曾是我在國立臺北教育大學研究所的學生。透過他，我與韋齊的媽媽懿貞聯繫上，從此展開了我與韋齊一家近二十年的情誼。

韋齊截肢後一切「從零開始」，不僅喪失活動能力，就連表達能力與認知功能也大幅衰退。我真不敢想，韋齊的未來會怎樣？只能盡力募款，為他們減輕一些經濟負擔。這二十年來我常從報紙及電視節目看到韋齊的新聞，韋齊努力克服身心障礙，學習各項才藝，獲頒許多大獎，我很為她高興。但我也知道，韋齊的求學過程並不順利，與同學、老師的人際相處困難之外，腦傷造成的智能輕度障礙，也使她求學之路充滿挫折，甚至「升學無門」。

郭家人已非常努力了，韋齊的表現早「超越自我」（也超越別人），無奈遇到升學關卡，仍難以說服別人。因為智能因素，韋齊只能考慮偏重術科的藝術類學校或科別，但繪畫方面她無法素描，舞蹈部分則沒有學校願意教這類孩子，音樂領域她又沒有基礎，真是四處碰壁。

我帶著懿貞與韋齊母女，拜訪國內知名藝術類學校的校長或主任，最後仍敵不過「現實」——韋齊必須與其他孩子一樣，適用相同的學習方式與要求標準，但，正常孩子都不一定做得好了，韋齊如何做得到？

韋齊的智能狀況雖較一般人弱，我仍感受到她被拒絕後的「受傷」。幸好私立南強工商的校長主動伸出援手，才得以入校就讀表演藝術科三年後，到了升大學的轉銜階段，舊事依然重演，韋齊還是被拒於大學門外。理由差不多，大多數的學系「謙稱」他們沒有能力教導「特殊的孩子」。韋齊媽媽不免心酸地說，他們所指的特殊孩子，當然不是資優生，而是身心障礙，尤其是多重的身心障礙。

二〇〇八年，韋齊十五歲獲頒「總統教育獎」；二〇一五年，韋齊二十二歲時，當選「十大傑出青年」。參加弦月之美、混障綜藝團的演出，舉辦全省巡迴畫展以及多場生命教育的演講等，種種對自我的挑戰，韋齊均表現出色，受到熱烈歡迎，但這些經驗對她的升學均沒有幫助。對於「上學」，韋齊由非常期待，變成非常怕傷害。

此時，懿貞委託我執筆為韋齊寫一本書。目的是「說實話」，誠實地剖析這一路上的好與壞，包括父母的、韋齊的、各階段學校教育、教育行政當局以及社會福利部門。「見賢思齊，見不賢內自省」，希望藉此能使我國的特殊教育、師資培育、親職教育、生命教育等都一起省思、及時改進，使我國特殊教育大幅提升。

以下即以我為第一人稱，以訪談的方式，撰寫自韋齊發病，而後復健、自我挑戰，最後由韋齊爸媽的心聲「傾訴」作為總結。

王淑俐教授與郭韋齊

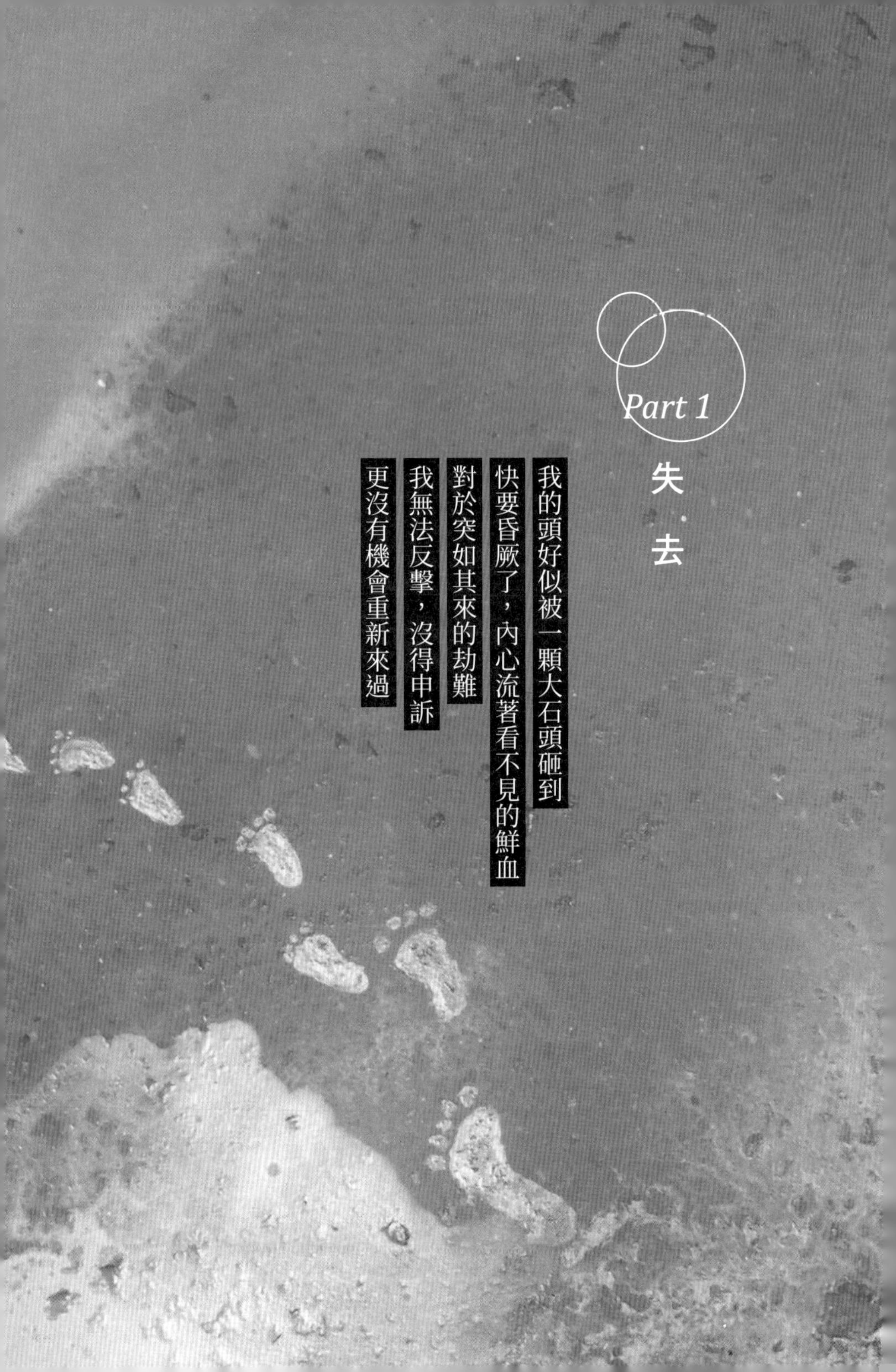

Part 1

失去

我的頭好似被一顆大石頭砸到
快要昏厥了，內心流著看不見的鮮血
對於突如其來的劫難
我無法反擊，沒得申訴
更沒有機會重新來過

韋齊病前與其他國小生一樣，健康可愛。

01 痛苦不堪的突發事件

第一部寫「失去」，我的心情相當沉重，第一次這麼近距離聽到韋齊媽媽心中的「吶喊」。韋齊媽媽回憶韋齊的這一段經歷，一定痛苦不堪。要流多少淚，才能夠向讀者傳達當年的悲傷、憤怒、恐懼、憂鬱等種種情緒？

韋齊媽媽描述的情景彷彿近在昨日。當年發生在韋齊身上的劫難，使得父母的心又硬生生地被挖了出來，那麼赤裸裸、血淋淋。

韋齊媽媽回憶……

千禧年過半的六月底，就讀小學一年級的韋齊，那天如同其他小學生一樣地上學、參加期末考，驗收一學期的學習成果。一個再平凡不過的日子，我到醫院上班，先生騎機車去麵包店工作。家中留著剛從附幼畢業的小兒子東昇，還有特地從臺南北上照顧孫子的阿嬤。

無常，以迅雷不及掩耳的速度降臨。

韋齊考完期末考最後一科——數學，臉色很不好看，她趴在課桌上休息。原以為只是小感冒，韋齊打電話給阿嬤，要阿嬤來接她回家看病。但因帶著弟弟不好處理，阿嬤又打電話到醫院給我：「齊ㄟ破病了，妳袂欸伊去看醫生麼？（韋齊生病了，妳要帶他去看醫生嗎？）」此時我仍輕鬆地回應：「好啊！」

但，事情不如想像中簡單。放下電話，我告訴同事要先回家帶韋齊到醫院掛急診。韋齊到了急診室並不吵鬧，等著醫師幫她做檢查。我擔心回家後沒人可以觀察病情，所以讓她留在急診室吊點滴，等我下班再一起回家。醫師幫她插了鼻胃管，觀察嘔吐和咳嗽的情形。終於到了下班，我看韋齊的精神不太糟，就安心地把孩子帶回家了。

晚上我照常煮飯給家人吃，因為韋齊生病，需要營養補給，我盛了一碗湯給她。才喝幾口，她就開始狂吐，接著拉肚子。看來不妙，我和先生馬上帶女兒去小兒科診所。由於吐和拉的症狀明顯，醫師自信地開藥及打一針止吐劑，問了病情發展後還損了我幾句：「這個病何必跑大醫院檢查，肯定是輪狀病毒感染啊！」[2]我沒有生氣或回應，只希望韋齊的病得以控制，早點回家休息！

那晚已經很累了，但我沒忘記兒子，怕韋齊不小心把病傳染給弟弟，所以讓他們分開睡。韋齊沒有反駁，乖乖地到客廳，讓我陪她睡沙發並觀察病情變化。直到半夜，韋齊還是猛跑廁所，一下子吐、一下了拉，狀況實在不尋常。

距離早晨還久，我只好一再地問：「你還好嗎？有比較好嗎？」韋齊以虛弱的聲音回應：「媽媽，我手腳麻麻的！」我決定叫醒睡夢中的先生：「快送韋齊去醫院，韋齊的病情還是沒改善！」看到韋齊病懨懨的，我們好心急。在沒什麼車的漆黑道路上，以最快的速度趕到兒童醫院急診室。

到了醫院，護士小姐因手邊還有很多病患，沒太在意韋齊的急迫性。半夜的急診室醫師不足，我沒敢太麻煩醫師，只能以媽媽的本能來照顧自己的寶貝女兒（恐怖的是，當時臺灣正臨第一波腸病毒大流行，新聞

---

[2] 輪狀病毒感染：在電子顯微鏡下呈現輪狀的病毒，是全球引致兒童腹瀉最常見的病因之一，主要病徵包括發燒、嘔吐、腹痛和水狀腹瀉。

不斷報導腸病毒感染疫情，造成多位小朋友死亡）。

先生將韋齊所需的用品都買好，希望讓韋齊有較舒適的環境能耐心等待。由於先生一早還要上班，我怕他太累，讓他先回家補眠。等著等著，韋齊突然說：「媽媽，我快喘不過氣了！」

不能再等了！我大喊：「醫師，快來呀！你們快點來啊！」這時韋齊的血壓已經量不到了。因為過度嘔吐和拉肚子，使她用盡了力氣。可能因急救啟動得有些遲，見不到韋齊有任何舒緩。忙亂中我能幫孩子什麼？沒有！真的沒有！我的心著實慌了，擔心孩子的安危，苦惱指數直線攀升。「我的孩子快沒氣息了，是否還有得救的機會？」我不斷叫著虛弱不堪的韋齊：「妹妹妳要撐住！千萬不要睡著喔！媽媽已經請醫師來幫妳了，要醒著啊……。」

我打電話叫先生快回醫院：「韋齊現在快昏迷了，要送加護病房觀察，你先不要告訴媽媽，等病情確定後再說明白。」此時正碰上換班時刻，大家一陣騷動才終於將韋齊推進加護病房。

醫師全是新面孔，護士也都換手，他們一個接一個地協助韋齊插上鼻胃管、吊上點滴。動作快速得幾乎把我的腦袋塞住了，我好像快要窒息了。但為了救孩子，我不得不強迫自己更堅強，一定要保持頭腦清醒。

我不停地想：「孩子，妳不可以這樣，妳不可以睡著喔！怎麼會發生這樣的事？孩子要進加護病房了！到底是什麼地方疏忽了？妹妹，妳要乖乖聽醫師的話，不用怕！不要怕！」

叫女兒別怕，其實我比誰都怕，我的心好亂好亂。

親人進急診室甚至是加護病房的經驗著實令人緊張。太多的驚恐、沉重，不知下一刻是喜是憂？何況受折磨的是個七歲的小孩，父母必然擔憂，很難不胡思亂想。不捨小小的身軀，受到大大的折磨，恨不能替孩子受苦。即使韋齊媽媽是醫檢師，在熟悉的醫院環境裡仍未能稍減焦慮與恐懼的心情。

02 此生再也不會笑了

這場災難，讓郭家一天之內失去了原本安穩的幸福，原來最平凡的日常，卻也最寶貴。孩子的大災難，讓他們覺得自己從此不會再笑了。

韋齊媽媽回憶……

我們夫妻被請出加護病房，和韋齊隔離開來。再次進到病房看到韋齊的印象，至今仍十分深刻。我一再交代韋齊「不用害怕，要聽醫師的話」，但韋齊因嚴重的不舒服，聽不進我的叮嚀。一股腦地不想插鼻胃管、不想戴氧氣罩，任何外來的醫療都不要；不論我如何盡力安撫，她只是竭力抗拒以表達身體的不適。

我們坐在等候室裡，醫師拿著病歷紀錄過來，要先生簽一些同意書。為了救孩子，我們像是失去腦袋般，顯得十分笨拙。

我負責回答醫師的問題（因為我是帶韋齊看病的人，加上自己有醫事背景），問題差不多告一段落時，另一位主治醫師突然說了句奇怪的話：「妳的女兒是不是有暴力傾向啊？」什麼？韋齊有暴力傾向？我正納悶、還未回過神來，醫師接著說：「妳的女兒剛剛揮手要打人啊！」

原來是孩子耐不住身體的疼痛，陷入無意識狀態而揮手要打醫師。十七公斤、瘦弱無力的病人，怎會想打人？可見她是多麼不安與無助。女兒莫名被誤會成「暴力分子」，令人萬般無奈！

在加護病房家屬等候休息室裡，耳邊不時傳來其他家屬的聲音，聽來是同樣的擔憂與恐懼，等待著生死一瞬間的「判決」。在未知的等候中，痛苦一層一層地加深。這時，廣播聲音劃破沉重的空氣：「郭韋齊的家屬請到加護病房！郭韋齊的家屬請到加護病房！」是叫我們嗎？真的是我們嗎？

韋齊休克了，為了急救，除了灌水和高濃度氧氣，還打了大人劑量兩倍以上的升壓劑。當時韋齊的生命指數只有三，這是什麼意思？我問得很仔細，好讓自己更明白正確的結果。我不敢相信，也不想接受這樣的事實，但韋齊已經陷入昏迷的半死狀態了。

這一切真的好恐怖，我緊抓先生的手，試著忍住即將潰堤的悲憤情緒。對著先生，我想說什麼，喉嚨卻哽住發不出一點聲響，氣也快喘不過來。我拉起先生的手開始跑，我們像飛一樣地跑到樓下空地，逃離那令人難以承受的現實情景。

到底怎麼了？哪裡疏忽了？我的頭好似被一顆大石頭砸到，快要昏厥了，內心流著看不見的鮮血。對於突如其來的劫難，我無法反擊、沒得申訴，更沒有機會重新來過。

跑出醫院，我們為自己快要窒息的肺深深吸了一口氣，止不住的情緒隨之而來，我們用力吶喊，淚水像瀑布般流下，直到哭累了，腦子才像有些清醒過來。我用力地向天控訴：「我做錯了什麼？老天啊！我到底做錯什麼？真是想不通，我很認真地照顧家人，怎麼會發生這種事？」儘管再無助，終究逃不開眼前的事實，還是得承受無情的試煉。

我們夫妻倆靜靜地癱坐在角落，覺得此生再也不會笑了。我不甘心，實在想不透自己哪裡照顧不周、疏漏了。這種痛不欲生的衝擊、看不見盡頭的等待，讓我沒有力氣再上班。家中的婆婆、很需要照顧的寶貝兒子，這時，我都顧不上了。

看到韋齊媽媽的回憶，做兒女的人，想必能感受父母的偉大。當孩子遭遇生命危險時，父母是多麼自責啊！若孩子的疾病難以控制，彷彿就是父母的世界末日。

但父母也是凡人，在失去笑容與力氣時，也失去照顧另一個健康孩子的心情。當時郭爸郭媽只一心盼望韋齊脫離險境，其他一切都無法進入思慮當中，包括六歲的兒子東昇。這是韋齊媽媽至今最大的遺憾，也盼望其他類似家庭能察覺到這種狀況，減少或避免犯同樣的過錯。

03 加護病房家屬等候室的忐忑

沒有人喜歡在醫院，尤其是「加護病房家屬等候室」。要不是因為家人罹患重大疾病，誰也不願在那守候未知的結果。周遭雖有一群與你一樣心情沉重的人，但彼此無心交談，只能默默關注與祝福對方。

對於病情比我們嚴重的人，在心中祈禱他們的家人能夠好轉，但更希望自己多點好運，不要遭到病情惡化的命運。最怕聽到廣播的聲音，因為通常是壞消息。

加護病房的門裡門外，所有的人都受了重傷。

韋齊媽媽回憶……

我請假了，開始每天在加護病房家屬等候室過著度日如年的痛苦生活。先生則在醫院、工作地點、家中三個點來來去去，兼顧家庭及收入。韋齊得了這麼嚴重的病，總要找人商量，我開始動員醫院同事來幫忙，先生也與他的兄弟姊妹討論如何分擔。身邊的每個人都繃緊神經地想辦法，甚至神明、民俗療法都考慮了。

在醫院，我最怕聽到廣播，因為內容多半是病危了，要家屬去了解情況。我真的很懊惱，怎麼讓孩子變成這樣？老實說，我沒有大家想像得那麼堅強與豁達，我無法面對這樣的「重傷」，傷心的情緒從沒間斷過，苦惱與痛苦也越來越沉重。我真的嚇壞了，也把自己的心關入了黑暗的死牢中。

一次次進出加護病房，就是看不到韋齊好轉的跡象。韋齊的肺部有破洞，所以插著氣胸偵測管瓶，想讓它自然修復。床邊掛著越來越多的線路管子，韋齊身上可用的血管孔洞都接滿藥劑和儀器。看到孩子身上那麼多針頭，真是「傷在兒身，痛在娘心」。一天一天的等待，只期望韋齊快點醒來，可以叫聲媽媽。

然而，韋齊不但沒有好起來，病情甚至急轉直下，高燒不退。醫師說：「都沒有好轉喔！我們已經幫她用最上限的抗生素了，還是不斷高燒。有嚴重的發炎數據，一直都在近千的數值。我們擔心她醒來後，可能要洗腎、肝衰竭，或因五大器官衰竭而死，你們家長要有心理準備喔！」

聽到這麼多壞消息，我再也忍不住積壓的傷痛，以及待在加護病房家屬等候室的鬱悶。另外，我還要忍痛聽著孤單的兒子要爸爸傳話：「我好想念媽媽，我好久沒有看到媽媽了！」我難過自己的無能，還要假裝沒事告訴兒子：「要乖乖聽阿嬤的話，姊姊很快就可以回家陪你玩了。」

看到這樣的描述，大家一定非常心疼韋齊媽媽，更見親情的偉大。一天僅有幾次能夠進入加護病房，探訪也只半小時。像韋齊這樣控制不住，還在退步的病情，更使父母的神經繃緊到隨時可能斷掉。

更糟的是，醫師要父母做好最壞結果的心理準備，這樣的說法，是何等殘酷與煎熬？

04 竟然要切除四肢？

韋齊媽媽無論如何都沒料到，已經非常痛苦了，竟還有更苦、更可怕的事等在後頭，更大的考驗即將出現……。

韋齊媽媽回憶……

同事一個一個到醫院探病，一直要我多保重，提醒我：「除了韋齊，家裡的兒子也很需要妳，要堅強一點！」醫院的同事眾多，大家平常或多或少都有接觸；聽到女兒生病，同事都很熱心地表達關心。

他們送來一本我怎麼也想不到的經書《金剛般若波羅蜜經》，要我念誦，要我試著在韋齊耳畔說：「妳可以選擇自己的路，不用擔心我們！如果妳要走，我們會祝福妳；如果妳要活下來，我們會好好照顧妳。」

說也奇怪，我才把話說完，韋齊的鼻胃管竟然開始冒出血泡，她真的聽得到耶！這時我的心情也隨之高昂，如火箭升上太空。生命指數只有三的韋齊，竟然能聽到我說話？太不可思議了！

可是韋齊高燒不退的問題仍然存在，我不斷問醫師：「有什麼方法可以改善？」醫師建議可以嘗試打入昂貴的自費藥品「免疫球蛋白」，但不保證有效。我要求醫師無論結果如何，都要讓韋齊注射，十分幸運，藥發揮了功效，韋齊開始降溫了。之後，韋齊慢慢睜開了眼睛，生命指數也漸漸升高。然而，雖然解決了高燒問題，韋齊依舊沒有脫離險境。

韋齊的手腳從急救完的紅腫，漸漸轉為粉紫色甚至黑色，最後乾扁到釉黑發亮的恐怖情況。醫師為韋齊做皮膚切片測試（用來判斷四肢變色組織部分的細胞是否有活性），即便心中隱約有底，我的拗脾氣與堅毅個性仍一股腦地催眠自己：「韋齊的手腳那麼健康美麗，不該變得如此莫名，這殘酷的事實不會發生在韋齊身上。」

我開始有一些天真的想法和做法，竭盡所能詢問熟識的醫師，是否有任何治療的方法？我很認真地找，最終孩子的四肢還是無緣留下，等韋齊醒後仍要進行截肢手術。

韋齊最初高燒不退及昏迷，接著四肢「變色」，面臨可能要截肢的厄運。結果不但要截肢，而且是四肢都要切除一半左右。這一波又一波的壞消息，彷彿一次比一次高的巨浪，韋齊的爸媽如何防備？如何不被大海嘯捲走？

為什麼要讓郭家遭遇這麼大的磨難與考驗？真令人難以接受及想像，但郭家爸媽沒有放手與放棄，他們更奮力地在汪洋大海中求生。

05 巨大的考驗

你的心情可能也隨著韋齊的病情而盪到谷底了吧？還能更糟嗎？是的，還有更大的問題發生。當韋齊醒來，竟然有了異常表現，彷彿失憶一般，不認得任何親人，完全聽不懂話也不會講話。臉上一直有奇怪的表情，而且不斷發出磨牙的聲音。這是怎麼回事？孩子怎麼完全變了個樣？

韋齊媽媽回憶……

使用免疫球蛋白後，韋齊終於在昏迷十四天之後醒了過來，本來應該高興的心情，卻在問她半天的話、她一句也沒回應時，讓我們再度陷入恐慌。

「韋齊，妳到底是怎麼了？回答我啊！我是媽媽，還有爸爸、阿公、阿嬤、姑姑啊！」怎麼問，韋齊就是沒有回應，「妳認得我們是誰嗎？」

我著急地問護士、醫師，為什麼孩子兩顆大眼睛瞪著我們，牙齒磨個不停，究竟怎麼回事？是啞了還是聾了？看著韋齊醒來後的反應，我不明白究竟發生了什麼事。

韋齊這時最常有的動作就是瞪人，還有聽了讓人鼻酸的磨牙聲。我的孩子，妳到底怎麼了？我的心好痛、好痛，無法接受醒來的孩子變成這副模樣。可是我沒有別的選擇，終究得乖乖接受這萬般苦痛的結果。再次打起精神，請醫師為孩子做聲帶檢查、聽力檢查，其中最不忍的是將孩子因磨牙而造成動搖不堪的下門牙拔除。

看著醒來後的韋齊，心中實在不捨，想著自己究竟還能為孩子多做些什麼？韋齊，求求妳告訴媽媽。

韋齊在院內感染大腸桿菌，臥床太久以及過敏體質，使細嫩的小屁股紅腫、出血。但孩子好像事不關己，灌食的時候還是不吃東西。這時我心急了，怒火直衝而上，即便知道孩子不是故意的，仍舊控制不住自己，一巴掌打向韋齊瘦小的臉頰。我罵她：「媽媽跟妳說的話，為什麼都聽不進去？好好吃飯！媽媽真的很難過妳這個樣子！拜託妳快點好起來，我們回家去吧！」

幾近崩潰的我，因不甘願而一直撐住最後一絲希望。想要韋齊活下來，就得想辦法；但如何才能找到生機呢？韋齊究竟還有多少問題要面對？韋齊給我的考驗真是夠大了，我的體重不知不覺掉了七公斤。

病後十四天，韋齊從昏迷中清醒過來，卻不再是從前甜美的小女孩了！成天只會瞪人、磨牙。愧疚又心急的媽媽看到韋齊不肯吃飯，忍不住打了她。媽媽簡單地以為，就是「不好好吃飯」才生病的，所以要多吃點，病才會快點好。

當然，媽媽也知道事情沒那麼簡單，只是她多麼希望能簡單些。韋齊媽媽的體重在短時間內掉了七公斤，可見壓力及自責的程度有多大。而且，她想承擔的責任，似乎也太多了！

06 不是人過的日子

若你加班或熬夜一星期，應該就已面臨壓力爆表的邊緣。那麼，長時間處於高度緊繃的精神狀態，郭家爸媽的壓力指數，應該已無法測量了吧！

韋齊媽媽回憶……

我每天忙的不只是韋齊，還要照顧家中年幼的兒子，兼顧賴以為生的工作，時間真的不夠用。自從韋齊生病後，我每天來回奔波於醫院和家庭之間，拖著虛弱和乾瘦的軀體，只能跟目前的狀況拚了！感謝婆婆的細心陪伴，才能讓兒子在沒有媽媽照顧的低氣壓當中，仍然健康成長。

韋齊的身體經過兩個月的治療後，準備動大手術了——左側壞疽性肺炎併分葉性切除積膿清除術。之後再來評估一次截肢或分兩次。於是先安排在父親節那日動刀，清除掉臭爛不堪的肺組織和積膿。

手術前，我帶著沉重的心情為韋齊做詳細的說明，讓她了解手術的必要（我不知道韋齊聽得懂多少），韋齊安靜不語，只是不停磨牙。幸好手術順利，但在觀察室裡，她想把身上所有管路一股腦兒排除（手腳早已壞死），可以想像她有多麼排斥身體外的管子啊！

一星期後，韋齊再次進入加護病房觀察，為即將進行的截肢手術做準備。雖然韋齊很瘦小，卻能在八天內完成兩場大手術（這時家人的心已幾近麻木）。還有什麼病沒有處理？應該可以好好地復健了吧？但此時韋齊還是不會說話，那種無奈與痛苦真不是人過的日子。

郭家爸媽承受著似乎無止盡的折磨，即使受不了，還是要勉強再多撐一步。就這樣一步又一步，完成這「不可能的任務」。動完兩次大刀，應該可以復健了吧？結果，復健的辛苦代價及漫長期程，又超乎他們的想像。

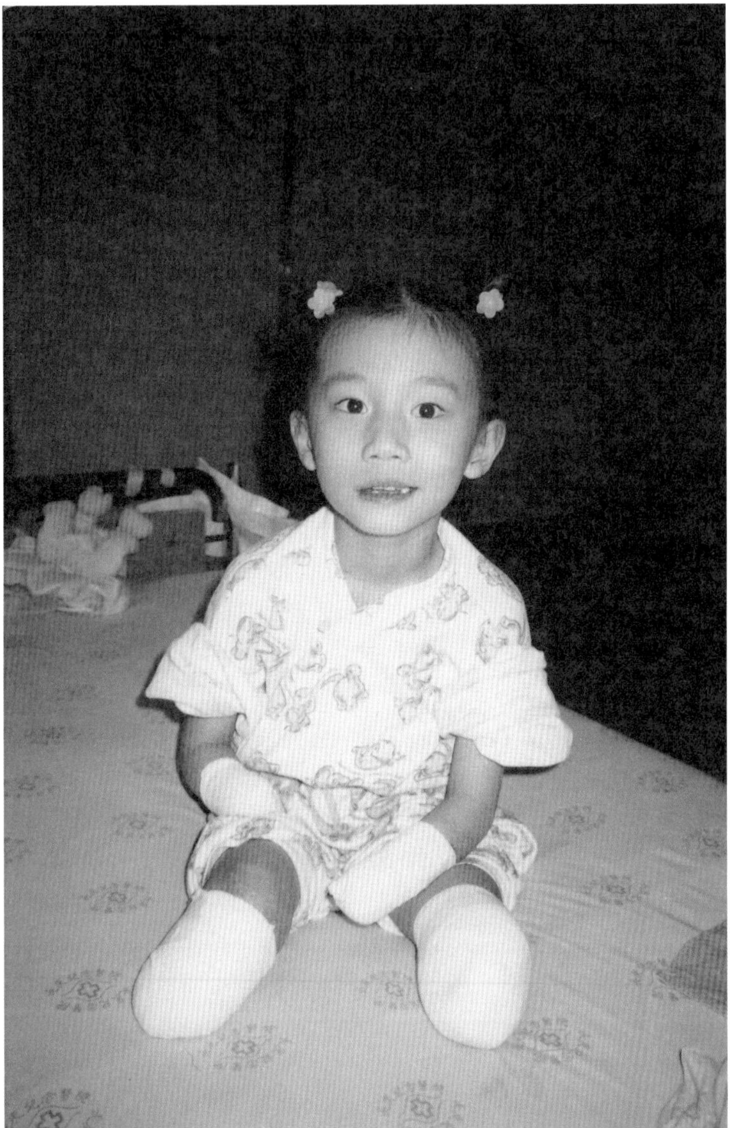

受病魔折磨十四日，韋齊因敗血症導致四肢壞死，最後只好截肢。

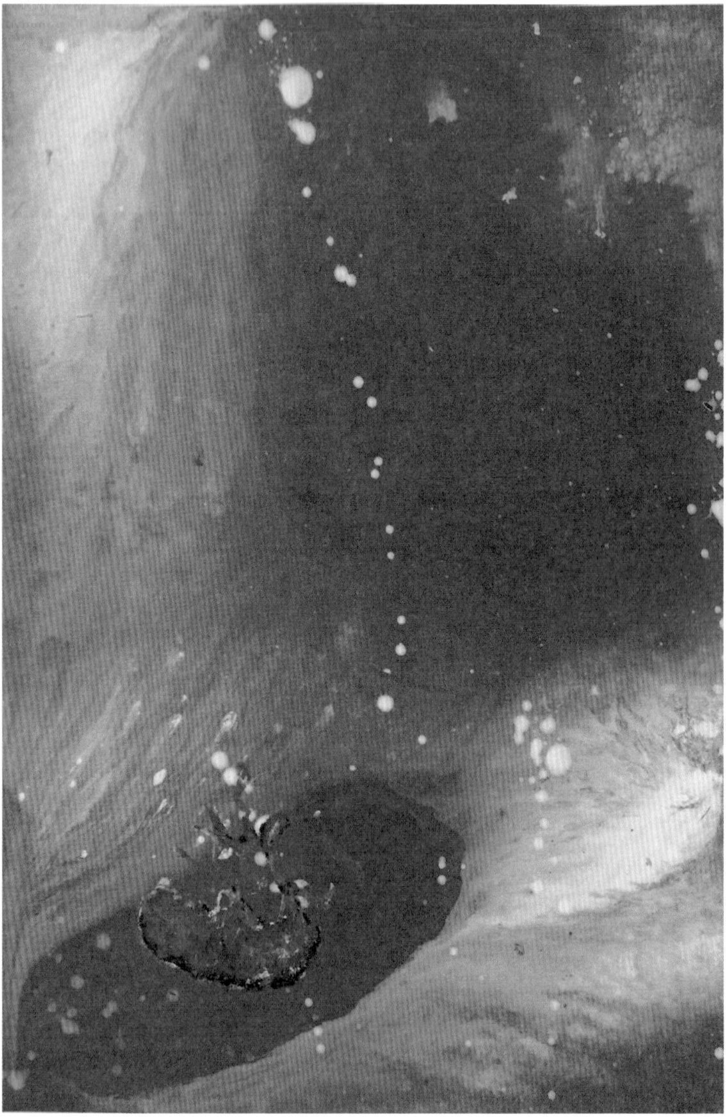

韋齊二〇一八年畫作〈新生〉，描繪胎盤中受祝福的孩子正等待降生之日到來，對未來充滿希望。

Part 2 復健

照顧韋齊不能單靠自己

因為她的需要實在太多了

那時候她的腦傷還未好轉，也不會講話

我們只能「死馬當活馬醫」

01 韋齊是個「特殊病人」

韋齊生了「特殊的病」，醫師團隊歷經一百天的努力，終於把韋齊從死亡邊緣拉了回來。幸好她的父母也是「特殊的人」，才能熬過來。

韋齊媽媽畢業於元培醫專，曾經擔任省立三重醫院、板橋亞東醫院的醫檢師。雖然沒能運用一身的醫學知識來解救韋齊，造成無法避免的截肢缺憾，但也因為她的堅強、永不放棄，才引導韋齊堅持下去、創造奇蹟。

值得慶幸的是，韋齊也是「特殊病人」。經過兩年復健，韋齊就可以穿上義肢騎腳踏車，可以寫字、畫畫，還幫忙爸爸擀麵糰，切出大小適中的芋頭丁。多年來，韋齊試著與「不一樣的自己」和平共存，身體雖有殘缺，但心靈不再悲傷。

韋齊媽媽回憶……

韋齊到底生了什麼病，到現在我們仍舊無解，只好以「無名病」來稱呼它。總之，對當時的我們來說，她就是一個失去眾多、不知未來何在的孩子。

韋齊是我至今仍無法理解的「特殊病人」，不曉得是否與韋齊天性好強、樂觀有關，她截肢後復原得相當快速，練義肢也比其他人快，義肢公司也感到驚奇。她在被報紙報導時，已是出事一年後、正在復健的時候了。因為腦傷，所以初期的狀況她自己都感覺不到，也根本不懂。

出事的那一年，她嘴上常說：「我的手沒有了，爸爸的手給我好不好？媽媽的手給我好不好？」我們當然回答：「好啊！」，同時卻也知道這個回答是沒有意義的。然而韋齊的爸爸把孩子的話聽到心裡去了，他覺得韋齊沒手沒腳一定很痛苦，還是有帶著孩子一起自殺的念頭。可是我卻不擔心，韋齊因為腦傷的關係，其實並不清楚在她身上發生了什麼，韋齊說起手腳，只是在說一個名詞，並不摻雜其他情緒。直到兩三年後，她的腦部才復健到可以體察自己的身體狀況。

什麼是「特殊病人」？西格爾（Bernie Siegel）醫生在《愛・醫藥・奇蹟》一書中描述他所研究的「特殊病人」——那些得到重大疾病而能治癒的人。他發現：情緒、免疫力及癌症之間有著密切關聯。快樂的人（對生活感到滿意）通常較不會生病；與相同年齡比較，患重病或死亡比率只有不快樂組（對生活感到徹底不滿意）的十分之一。反之，沮喪、絕望的情緒對免疫系統的影響很大，會使殘餘、原本控制之下的癌細胞，再度大量增生。

即使是時刻陪在韋齊身邊的韋齊媽媽也忍不住擔憂，得了怪病而截去四肢，因腦傷而損及智能，加上隨時可能癲癇發作的孩子，未來還剩下些什麼？足夠她創造想要的人生嗎？即使擔憂，韋齊媽媽仍堅信韋齊是「特殊病人」，期望未來韋齊的疾病可以痊癒，並成為快樂的人。現在看來，韋齊媽媽的信念也成真了，韋齊雖然失去雙手雙腳，卻仍舊維持著笑容與樂觀，不斷創造自己想要的未來。

郭家在韋齊生病前就有搬家的計畫，韋齊出院後，一家人就直接搬入新家。一方面避免在舊家「觸景傷情」，一方面也象徵「重新開始」。即使郭家人努力以樂觀心態面對生活一連串的轉變，卻不得不承認，所面臨的困難除了復健本身，需要煩心及頭疼的問題還有很多。

02 以「韋齊酥餅」來募款

民以食為天，家中發生重大變革後的第一件「要事」就是——如何讓全家人不餓肚子？

韋齊出院後，郭媽即辭去工作，全心全意協助女兒復健，生活步調也完全配合女兒的學習需求；郭爸為了就近照顧，也辭掉原本麵包店師傅的工作，全力做好後方支援的任務。生活開銷除了一家四口的日常所需以外，還有許多想得到、想不到的開銷，例如義肢、營養品、復健課程。

韋齊媽媽回憶……

家裡有一個重症病人，還有一個剛升上小一的弟弟，若沒有經濟來源，撫養孩子就像「坐吃山空」。那種飄渺與強烈的失落感，使得一個家完全不像個家，身為父母的我們更是惶恐無比。

當時韋齊需要的不僅是二十四小時貼身照顧，還需要營養補充品來應付艱困的復健。我和先生因韋齊的突發狀況，不得不辭去原有穩定工作，因為孩子的生命比賺錢更重要。

孩子病後，我們需要更多錢，因此我接受某位媽媽的建議（她的孩子遭遇車禍），找《人間福報》報導韋齊的狀況，爭取社會的協助與資源。報導曝光後，不少新聞媒體跟進，在善心人士的幫忙下，共募得百餘萬善款。但這對於長遠的家庭生活所需是遠遠不夠的。但我們也真實感受到，絕不能以救助金作為正常生活的收入模式。

我們決定創業，以先生的麵包師本業來賺取照顧韋齊的費用，我們認為這才能真正為全家人創造生機。孩子未生病之前，我們本就打算經營自己的事業，但先生顧慮甚多，遲遲無法下決定。這一次既已走到絕境，再不把家裡的生產力建立起來，苦日子就不遠了。等全家都陷入無法自拔的深淵時，別人想救也來不及。

我鼓勵先生試著做酥餅，先拿到學校請老師試吃，經過意見調查與改良後再正式推出。韋齊的導師熱心地幫忙宣傳，全校一起發動「買酥餅救韋齊」的活動。然而，小規模的購買並不足以維持長遠的生意，也無法大量製作。後來，我們找了幾位贊助者及公司的業務人員，以團購的方式運作，再加上新聞媒體的關注，終於獲得足夠的迴響。家中的傳真機在數小時之內，被擠爆的訂單燒壞了。

我們開始採購工具、租工廠，將原本完全手工製作的酥餅改為部分機器代工。後來生意很好，常有大量訂單，也都順利出貨。

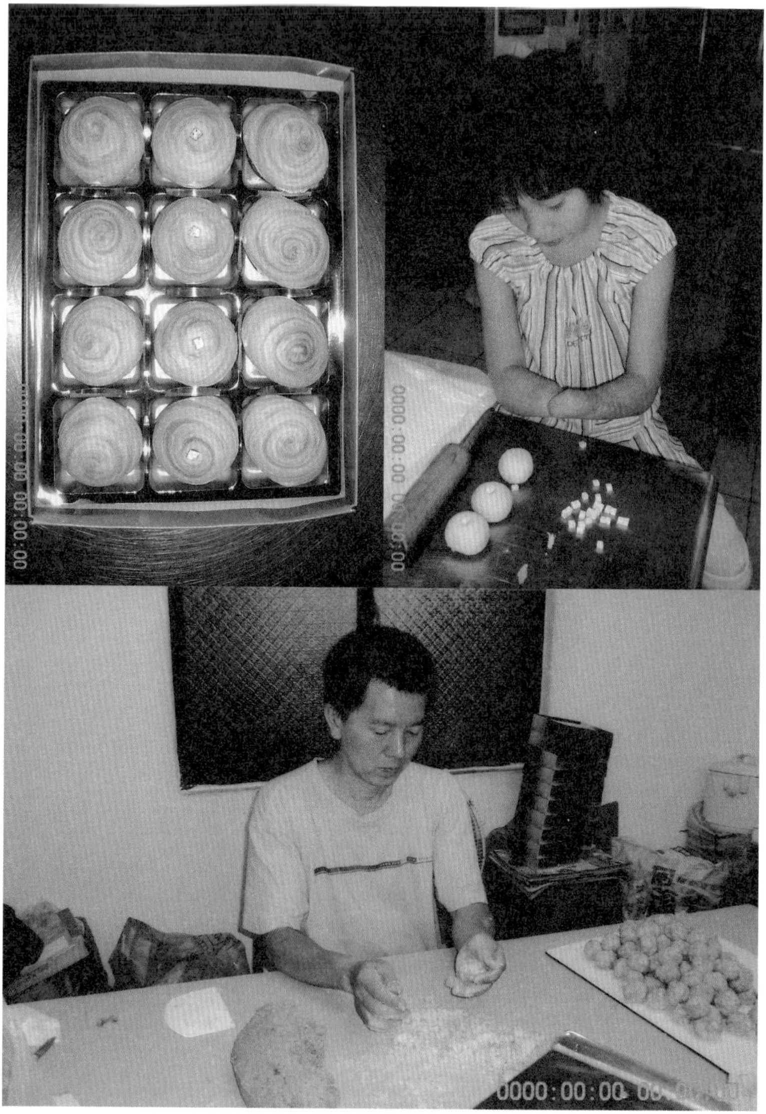

郭爸販賣「韋齊酥餅」維持家計，復健中的韋齊也會一同幫忙。

韋齊媽媽怎麼會想到「找媒體」？他們原來就有不錯的媒體關係嗎？當然不是，郭家並不擅長運用媒體，其實是同病相憐的邱桂蓮老師，將韋齊截肢的消息轉給報社，才有其他媒體接續報導。

當時，邱老師二十歲的女兒因意外而截去左腳。她的女兒去義肢公司裝義肢及復健時，看到了七歲的韋齊，回來後告訴媽媽：「有一個小妹妹，她好可憐喔！四肢都截肢了！」後來邱老師見到瘦小的韋齊，實在非常不捨。邱老師除了捐錢，也想在學校園遊會為韋齊募款，與班上同學討論後，決定辦跳蚤市場，將義賣所得全數捐給韋齊；隔壁幾個班的老師，也帶著學生一起捐款。後來有學生家長知道了，就連絡《聯合報》的記者，在全國版的版頭上大幅報導此事。

邱老師因為女兒遭到截肢的命運，所以對韋齊的苦難特別有同理心。邱老師說，她非常佩服女兒及韋齊，她們都比一般人更勇敢與堅強。她的女兒現在已完全獨立自主，不論工作、開車、出國旅遊都毫無問題。有時女兒會「幻肢痛」——雖沒有腳卻感覺腳痛，使她格外心疼、心酸。

對於邱老師來說，她可能覺得自己只是「順便」幫了韋齊一把，但在韋齊媽媽眼裡，邱桂蓮老師是上天特地派來的天使，給了郭家最大的溫暖以及走下去的力量。

韋齊媽媽回憶……

剛到義肢公司進行合腳測試時是韋齊最吵鬧的階段，那時，都只有爸爸陪伴。某天，聽聞一位陌生人留下玩具、娃娃、書、字典和五千元紅包，進一步詢問才知道韋齊在練走義肢時，哭鬧得很厲害，有人送給韋齊、安撫她的禮物。

我的傷痛再度被引起，一個陌生人為何能在我們最困難時給了溫馨且不求回報的付出？為了回報這位陌生人，我鼓足勇氣問了電話，想感謝對方偉大的情操。

這位貴人就是小學老師邱桂蓮，她看出韋齊的困境和我們全家的無奈，是因為他們也一樣面臨人生的巨變。她的兩個孩子在一場車禍，一個一條腿粉碎性骨折，另一個雙腳都骨折，必須打鋼釘。她陪著女兒去裝大腿義肢時，看到自己的孩子失去一條腿就萬分痛苦，韋齊卻失去四肢，而且年紀還那麼小，動了惻隱之心。我因邱老師的慈悲而失控痛哭，這是我有生以來最感動的落淚！

邱老師仍然覺得遺憾，因為在正式的教育體制裡，很難照顧像韋齊這類的特教學生。一般班級的學生人數不少，過動、自閉、妥瑞氏症等的孩子也不少，加上導師的特教專業知能不足，特教孩子自然難以得到妥善的協助。最後還是得靠家長自己在「體制外」找尋教育資源，若找不到所需的資源，「內憂外患」的壓力，十分煎熬。

關於邱老師提到「身障孩子在校資源不足，需賴家長向外尋求資源」，剛好有媒體訪問韋齊媽媽，她就順道提出韋齊需要免治馬桶。事後記者主動幫忙向教育局詢問，問題很快就獲得解決。所以韋齊媽媽學會了，若需要什麼資源，都坦白講出，才有機會獲得體制內、外的幫助。

郭媽基於自己的正面經驗建議身障兒家長，把自己的事情公開，大方地接受採訪，別人才有機會關注與協助你。其他類似狀況的孩子，也會因為你而同樣受惠。

韋齊媽媽回憶……

最初學校老師就一直提醒我，韋齊的情形需要很多人協助才有辦法走下去。照顧韋齊不能單靠自己，因為她的需要實在太多了，那時候她的腦傷還未好轉，也不會講話，我只能「死馬當活馬醫」。

家有身心障礙孩子時，究竟有沒有想清楚孩子需要怎樣的協助？一般人會困在苦痛當中，不會想到求助，是因為我們的社會沒有教導求助，只教與人競爭，贏的人就是成功。因為沒有學到如何求助，所以很多人有困難也不知怎麼求助。

我可能是特例吧！我的概念是：「今天韋齊可以變好的話，別人也可以變好啊！我們求助不只為自己的孩子著想，而是當自己的孩子突破之後，可以幫到更多人！」身心障礙孩子的家長，要讓孩子的事情公開，大方接受報紙到電視媒體的採訪，力量才會越來越大。最初報導韋齊的是《人間福報》，接著是《聯合報》。只要你願意被報導，別人就有機會關注與提供協助。

雖有外來捐款，但郭家父母知道這是一場「長期作戰」，若一直依靠外來救助，不僅不夠，還會「自廢武功」，失去自救的能力。所以，還是先「自助」，他人的捐款只能當「輔助」。

這一個決定讓郭家投入製作酥餅的事業。身為西點麵包師的郭爸，當初為了照顧女兒辭去了工作，家計陷入困頓。為了女兒的復健，他到處求神問佛。在神明指點下，郭爸嘗試烘焙蘿蔔酥、芋頭酥、山藥酥來販售，結果口碑很好。於是郭爸將餅店取名「韋齊酥餅」，希望女兒的勵志故事伴隨酥餅擴散開來。

剛開始完全由手工製作，很費時費力。我去過他們的工廠（老式公寓的一樓），雖有志工幫忙，但製餅仍是「體力活」，工作時間很長，實在非常辛苦。

韋齊媽媽回憶……

初期只做芋頭和蘿蔔兩種口味，為了與別人所做的酥餅區隔，想破頭之後，我們要做不添加色素、防腐劑、香料的良心食品。神奇的是，我竟可在忙碌的日子、一天睡不到五小時當中，想到融入芋頭丁為特色，做出老少咸宜的全素食品。

沒有生意會心慌，生意太好又做不完。訂貨的客戶心態有千百種，我只能虛心接受。這事說起來不困難，但要顧裡顧外、一天接幾百通電話，真的忙到被電話的電磁波震得偏頭痛。為了建立完整流程，使產品能穩定生產與出廠，疲累讓我瘦回「小姐時代」的身材，也許這是老天爺送我的附加禮物吧！

回想那時真是感觸良多。有人訂了酥餅卻不來拿，有人訂不到酥餅就咒罵你祖宗八代；有人只想捐款但不要酥餅，有人卻擺架子要求回報。

無論是好是壞，對我來說都是感謝！這七年半的經商經歷，使我了解如何面對複雜的人際關係，急躁的個性也有了轉化，對於某些外在的評論，也能予以忽視。如果沒有一顆堅持做好的心，很容易被打垮的。

有趣的是，面對無理的客戶，韋齊的腦袋與思維卻無比靈光，她說：「媽媽，妳不要生氣、難過，我們賺到錢就好了！」這樣的安慰和肯定，瞬間敲醒了疲憊、煩惱的我。真的！在困境中任何人都沒有傷感的權利，只有咬緊牙關向前衝，才有機會找回生命的尊嚴。

尼采說：「痛苦的人沒有悲觀的權利。」本來單純的好事，但施與受之間的分寸若沒有拿捏好，仍會因誤解而成為不愉快的經驗。施予者要小心，不應以傲慢的高姿態對待弱者，使接受者感到屈辱。但有些人卻刻意擺出高姿態，要求接受者有所回報，甚至有歧視的心態，這些都讓想要自立自強的郭家感到為難。為了整個家，郭家父母選擇以正面看待別人的善意，不論施予者的任何態度都表達感恩。

做酥餅，身體的辛勞是一回事，心理的疲憊就無法以睡飽、吃好來恢復。但郭家父母為了韋齊及東昇，什麼苦都可以忍受。然而七年多後，還是面臨停業的抉擇。

韋齊媽媽回憶……

由於一封電子信件「呼籲大家訂購酥餅以幫助韋齊」被大力轉傳，讓我們成為全省宅配酥餅到家的受益者，產值增加與運送快速，使成本大大降低！雖然我們只做了七年多生意，卻像是做了二十多年。

不是我吹噓，更不是自抬身價，我們在員工穩定和共享的概念裡，充分滿足所有人的需求，讓整體工作氣氛和質量都達到最高水準，到今天還會接到老客戶來電詢問買酥餅的事呢！這麼好的生意為何不繼續做？我想沒人願意放棄吧！但是了解自己真正要什麼，更加重要！

生意收掉的時間是二〇〇八年全球金融風暴時，訂單減少了，而我們不想苦等景氣恢復。再加上我和先生因為過勞，身體出現異狀，過於拚命的結果是我們都累到生病了。

生活、工作等多重壓力，使我們每天從清晨五點忙到半夜才能收工，一般人很難感受其中的辛苦，韋齊的爸爸因為高血壓常頭痛，韋齊的祖父母也進入超高齡，需要更多照顧。還有一個最重要的關卡，韋齊升高職之後，因為「遠距離」必須接送（新莊到新店），所以我們決定停下工作。我們不是太有錢而不做事，而是以家人與健康為主，想維持家庭的單純與寧靜。

建立一個事業並不容易，「見好就收」更是難上加難，但韋齊的事情使家人又開始一場沒有退路的戰鬥。還好韋齊在生病截肢後，我們把所有的錢都拿去投資理財及投保。韋齊從小有保險，所以生病時雖然瞬間沒有收入，靠著保險費的給付可以撐上一段時間。

韋齊成為身障者之後，就不能再投保了。我把所有保險都放在弟弟身上，用這些錢做教育基金，將來韋齊沒有工作時，也有保險教育基金可用，不用擔心過不下去。也因為有利息，我們全家人可以用這種方式過日子。

七年多的酥餅生涯，書中以四頁就講完了。但實際的心路歷程，恐怕是「四夜」也講不完。在韋齊高職畢業前，郭爸天天開車接送，校內外各種學習活動，只要對方允許，郭媽幾乎全部跟著韋齊一同參與。

有人問，為什麼不把照顧韋齊的責任交給學校或請人代勞（甚至送到某些機構）？韋齊媽媽說，因為韋齊有時候脾氣很「牛」，「叛逆」起來很難勸得動。這樣的孩子送到機構，多半會被放棄。

韋齊不願意學習時（其實是沒自信）會立即拒絕，一般人是帶不來的。郭媽在韋齊讀國中以前，曾因此而氣得打她；經鄰居開導才想通「不能急，孩子也有她自己的障礙，要體諒及等待」，從此郭媽才不再體罰（高中時還打了一次啦！因為韋齊學其他同學說「粗話」）。韋齊媽媽說，為了帶領韋齊，她幾乎忍下所有脾氣。

郭家收掉賺錢的酥餅生意後，幸好還能運用保險的方式，使家裡不至於沒有收入，過著雖不富裕但尚稱平穩的生活。這部分的務實及遠見，值得大家參考。

韋齊媽媽回憶……

我們做酥餅時，韋齊的爸爸仍沒有改變想死的念頭。因為我們的事件曝光，加上韋齊腦傷後一直「傻傻的、很會笑」，爸爸又把韋齊養胖了，覺得很有成就感，才終於打消「殺死醫師，然後全家人同歸於盡」的念頭，所以韋齊常說：「是我救了爸爸。」

其實韋齊因為腦傷，根本不知道中間發生了多少事情。那段日子我常很生氣，因為照顧韋齊要大家一起合作，不是要向誰抱怨，抱怨誰沒照顧好韋齊，或某個人沒怎麼做。事情發生了，抱怨有用嗎？推卸責任有用嗎？

若每個人都用這樣的心態面對，就很恐怖！互相對立就是人間地獄！還好那時我的兄弟姊妹很關心我，尤其是我的大姊懿德，雖然人在國外，後來我的爸爸在韋齊生病後一個月內出事，她也二話不說立刻回來幫忙，大姊給我的支持力量特別多。

其他不管同事、朋友等，任何小小的安慰或鼓勵，都是當時讓我們可以走下去的動力。

面對重大災難時，心態非常重要。傷心在所難免，若因此遷怒於人，尤其責怪親近的家人，將造成更大的傷害，也會破壞共同奮鬥的動力。抱怨無益，惟有團結同心、互相支撐，才能成功脫困。

話說來容易，實際上卻有很多人陷入負面心態，腦筋很難轉得過來。郭爸想拿槍打死造成韋齊截肢的醫護人員，然後全家同歸於盡，這個念頭要如何轉變？雖然韋齊說是她的笑容救了爸爸，實際上要放下這種仇恨的心態，還是非常困難，要倚靠當事人自己轉念。還好，郭媽沒有跟著陷進心靈的地獄，要說怨恨，她也有吧！她也不希望這件事發生，但怨恨任何人都不能改變什麼。

韋齊媽媽住在美國的大姊懿德，在韋齊出事後從美國趕了回來，二哥也從中國大陸回來陪伴。當時韋齊的腦部受損，智商只剩三歲，心理也出現問題。韋齊一直要大家重視她，認為每個人都應該幫助她，所以亂發脾氣，講了許多不該講的話，故意氣媽媽、讓媽媽傷心。

因為韋齊媽媽是檢驗師，較了解醫院的狀況，所以當時幾乎所有的責任都由她一肩扛。幸好有家人相互扶持與照顧，才捱過來了，否則當時也曾想全家一同尋死。

03 很有價值的床邊教學

韋齊課業的補救教學從住院時期就開始了。重症住院學童可申請「床邊教學」[3]，韋齊的運氣很好，碰到來自特教學校的邱相勻老師。邱老師非常有耐心，並熟悉多種教學方法，讓韋齊的認知與言語復健有了很好的開始。

[3] 我國早在一九六二年就由臺大醫院社會服務部，針對長期臥病學童聘請義務教師實施床邊教學。一九七一年起臺北市政府教育局指派合格國中小教師各一人，長期駐院負責住院學童之教學工作。之後各縣市教育局、各大醫院也陸續跟進，教學方式以個別或小組輔導為主。

韋齊媽媽回憶……

韋齊醒來的時候沒有笑容，而且整天磨牙，表情呆滯。當有人到醫院看她時，她的表情多是哀容，看人的樣子是用「瞪」的！我看不下去，就警告她「不可以這樣！」她以轉頭不看人或磨牙來表達內心的複雜情緒。這樣的狀況，直到她有能力發出聲音為止。

住院後期，醫院安排特教學校的邱老師來床邊教學，給予課本讀誦，將一年級的課文讀給她聽。直到九月多的某一天，韋齊突然說要吃麥當勞，開始對事物有一些感覺，對人物的識別也重新建立，但多半用肢體語言表達。

住院共九十九天，爸爸全日在醫院陪伴。我則是每天早上把弟弟打理好，讓他上學就去上班，阿嬤負責接弟弟下課。下班後我將晚餐煮好裝便當，帶去醫院給先生和韋齊吃，幫韋齊洗好澡後我才回家，每天忙到上床立刻睡著。工作的忙碌和醫院、家裡兩頭跑，讓我的精神非常緊繃。

當時，韋齊在長庚醫院屬於「四失功能」——語言、職能、物理、心智皆失常，復健是韋齊的首要工作，所以醫院安排的復健進度規劃和頻率，都比較完整。

復健初期，語言治療師的復健較死板，韋齊完全不聽（趴在桌上不理人），只好要求床邊教學的邱老師多安排時數，課程內容也活潑些。邱老師很用心地投其所好，才使韋齊能順利復健。邱老師對韋齊一對一的教學長達一年多，至今已成為我們的老朋友，彼此相知相惜。

邱老師記得，當她接到護理長的電話，要她幫韋齊床邊教學時，韋齊已在醫院待了兩個多月了。從護理長口中得知，韋齊從加護病房出來，就沒有開口講一句話，連爸爸媽媽都不曾叫。郭爸說：「韋齊發病前，是一個愛笑、愛叫、愛跳又愛唱的小女孩。現在四肢都沒有了，又不會講話，也沒有反應，不曉得以後要怎麼辦？」看到心碎的父親以及一臉茫然的韋齊，邱老師的心揪了起來。

韋齊截肢後都不說話，但她並未傷到腦部的語言功能，為何如此？邱老師當時是林口啟智學校的老師，床邊教學經驗豐富。剛開始上課時，幾乎都是邱老師在「自言自語」。她從學校圖書館借了許多繪本，有空就到韋齊的床邊講故事，但好幾次，都因韋齊冷漠的表情而倍感挫折。

某次上課，邱老師看到韋齊翻著媽媽帶來的舊課本，想到她既已上過一年級，不妨拿以前的國語課本讓她溫故知新。讀第一課課文時，就發現韋齊的目光竟能跟著邱老師的手移動。讀完第一課，韋齊的臉上出現了一絲的笑容，這可是很難得的表情呢！邱老師讓郭爸念小一的國語課文給她聽，慢慢地韋齊有了單音，這時語言治療師即可加入復健治療行列。

邱相勻老師細心的床邊教學為韋齊的復健之路奠下好的基礎。

令人驚喜的事情還在後面，課本上畫了幾隻小鳥，有一天，邱老師數著一、二⋯突然，聽到另一個聲音「二」⋯韋齊竟也跟著數。當時背對病床正在整理東西的郭爸，轉過頭來瞪大眼睛說：「妳在數數？齊齊你會說二？」這個久旱甘霖的數數聲，滋潤了大家死如槁灰的心靈，從此展開一連串飛躍的復健。

韋齊的病房從兒童醫學中心轉到復健大樓，物理、職能治療再加上語言治療，使韋齊有了重新站起來、走出去的機會。當然床邊教學仍是每天必須的課程。重新學習注音符號及簡單的數學，使韋齊慢慢進步中。

有一次，郭爸帶韋齊去床邊教學教室上課時，韋齊看到麥當勞，拚命用手指著、嘴上ㄚㄚㄚ叫著。郭爸知道韋齊想吃麥當勞，為了鼓勵她說出來，郭爸將輪椅停在麥當勞前面，要韋齊說「麥—當—勞」。韋齊用力地想說，最後終於擠出了一個字——「當」。「哇！」郭爸鬆了一口氣，幫韋齊買了獎品——薯條，那次的上課充滿了笑聲！從「當」一個字開始，到「當勞」，最後是「麥當勞」，韋齊的努力，讓帶著她做復健的爸媽及老師感動莫名。

出院不表示韋齊復原了，未來的路還很漫長；但在郭爸郭媽不放棄的堅持下，韋齊培養了樂觀開朗的性格。韋齊因遭受身心雙重的痛苦，所以剛開始時不免選擇「自我封閉」。加上腦傷造成輕度智能障礙的影響，她的某些思維仍然轉不過來。

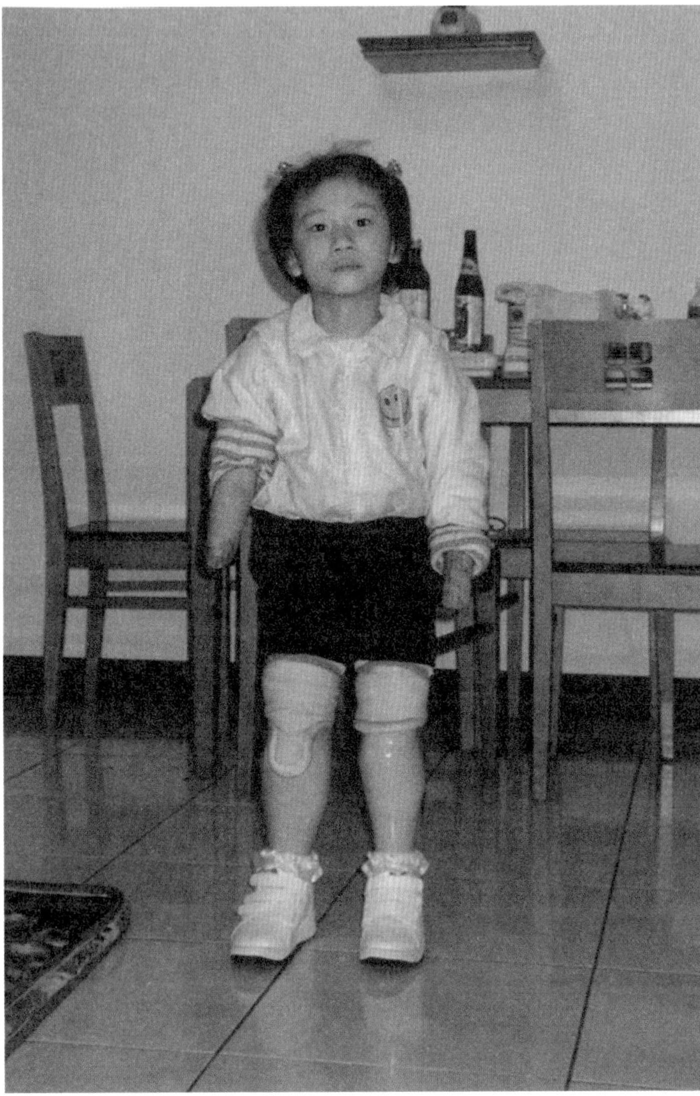

剛出院回到家的韋齊，茫然地練習運用義肢走路。

以邱老師對韋齊多年的了解，她建議，日後韋齊若要順利就業、融入社會，就得拿掉自己的「光環」，增加社會的適應力，不能太依自己的情緒感受行事。韋齊因為思考不周全，有時不會考慮別人是否認同她的想法。邱老師覺得韋齊有繪畫天分，可以走「插畫」這條路，將自己的故事畫出來出版。

原本聰明伶俐的韋齊，因病成了「重度多重身心障礙者」。郭家父母對於韋齊不知如何是好，遇到了願意陪伴、比一般人更具愛心和耐心的邱相勻老師，又是一位上天特地派來的天使。

邱老師運用特教專業和無比毅力，嘗試使一位身心受到重創的女孩願意開口說話與學習，讓醫學上所謂「復健黃金治療期」不致錯失。讓孩子開口要有方法，更需有愛心。當年的語言治療師無法引發韋齊開口，讓郭家父母差點以為韋齊從此就不會說話了。還好邱老師不懼韋齊的「磨功」，花了好幾天了解韋齊，加上與生俱來的吸引力，終於讓韋齊「打開金口」。

床邊教學的功能深遠，只有使用過的人才知道這個制度的價值。因為病房生活十分枯燥、無聊，對病童來說是種折磨，家人也很難耐。床邊教學使孩子有事可做並能持續學習，家人和孩子都因此感到有希望和未來。

床邊教學的陪伴，不但可以幫忙復健，更可事半功倍的節省社會資源和成本，使大家對醫院的多功能感到安慰。當然我們希望使用的人越少越好，但是床邊教學的存在，仍是值得推廣和支持的好制度。

韋齊七歲時受到邱老師的教導與照顧，至今過了十多年，韋齊仍無法完全與一般孩子相比，但絕對能對自己的努力與進步說聲「讚」。有了社會的關愛，韋齊不僅活出自己，更做了很好的生命教育典範。這是熱心的老師與特殊教育工作者的功勞，希望有更多醫院和學校能共同為病童服務。願「床邊教學」制度之執行，能更加便利並推廣周知。希望社會大眾也能認識到像邱老師這樣的好老師，其存在的無比價值。

邱老師於二〇〇八年以《身體病弱學生對床邊教學需求及意見調查之研究——家長觀點》為題，取得臺北科技大學技術及職業教育研究所碩士學位。文中提到「在醫院中上課」對生病的孩子來說，其實是透露一個「痊癒」的訊息，提供一個可以回原來學校上課的希望。在醫院中進行床邊教學，是要將他們在住院期間與學校課業的落差銜接起來，並在心理上提供一個正向的健康思維，讓他們有回到學校正常學習及和同儕互動的機會。邱老師在論文最後針對國內目前醫院床邊教學的服務方式，提出若干改善建議：

1. 床邊教學軟硬體設施的改進。

2. 醫院床邊教學服務的資訊需透明化。
3. 在醫院中課程的設計需多元化。
4. 醫院中的專業團隊服務應積極介入。
5. 在床邊教學的服務上需普及化。
6. 遠距教學服務的提供，協助病弱學生自學需求。
7. 與身體病弱學生家長建立良性的溝通管道。
8. 建立與原學校的溝通平臺。

目前國內在醫院進行床邊教學的學生，主要包含三種：

1. 臥病治療期間三個月以上，六個月以下，為免學業中斷，影響康復後上學的學習進度。
2. 病情嚴重，不適宜繼續上學，但須提早準備將來生活適應者。
3. 臥病於醫院或療養院中，無法離開病床者。

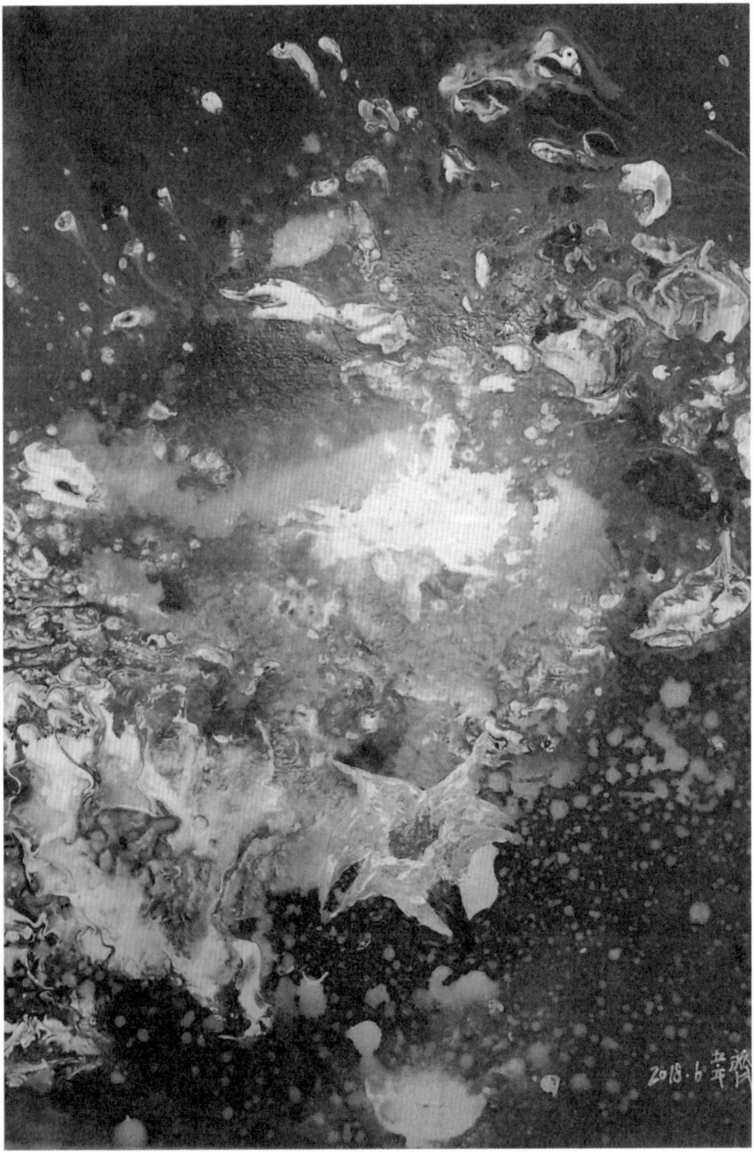

韋齊二〇一八年畫作〈勇悍〉，期許自己無論在多麼艱困的環境下，都能勇敢綻放光芒。

04 病後初期的腦傷復健

韋齊回家後，全家人因她的改變而改變，但改變卻不一定順利。例如年幼的弟弟還是會跟她爭寵，大人的壞心情還是難以調適，家人間甚至會互相攻擊、宣洩情緒。學習的部分在住院時有床邊教學，回家後雖申請「在家學習」，但老師常常請假。幸好，當時我擔任世新大學師資培育中心的主任，世新的學生及時伸出援手，願意輪流到韋齊家中教導韋齊，使她不致荒廢學業，尤其是不能耽誤腦部的復健。

韋齊媽媽回憶……

家人彼此的關係因韋齊而產生極大的變化，聰明和雞婆的韋齊，本來是家裡很大的幫手，生病後卻成為事事要他人協助的麻煩人物。

年幼孩子之間的爭寵，大人的沉重心情，都讓整個家庭和樂的氛圍蕩然無存。只能靠著各自上學、上班，擺脫一些陰暗的痛苦層面。韋齊病後，剛開始最感困惑與無助的不是韋齊自己，而是家人。她甦醒後猶如新生兒，不言不語，只是不停磨牙。直到某天開口，說出來的卻只是模糊不清的聲音。

要辨別她的意思，只能靠肢體語言。還要重複輸入舊資料，讓她回憶過往。若沒有強大的耐性，真無法擋住事事須順她意的任性。

住院時，雖有床邊教學老師的引導，但韋齊病後脾氣直拗，只要不合她意就趴在桌上，對人不理不睬。我和老師只好從她有興趣的地方下手。例如數數，她數一、二、三沒有問題，數字稍增就會出錯，這時只要拿錢給她數，就可以順利完成。

韋齊從小由阿嬤帶到四歲，最初的語言是臺語，所以病後最先恢復的也是臺語。她變得不太會講國語，連原本擅長的注音符號也忘了。幸好後來世新大學師資培育中心的學生，輪流到家裡一個字一個字地教韋齊，終於訓練到能講出完整句子。

家人無法承擔這樣的教學重任，親情加上其他錯綜複雜的情感，必然更痛苦難耐。因為我常常傷感，所以選擇多出去走走，以改變環境來創造新的「心境」。

不僅是截肢的問題，韋齊清醒後最讓家人困惑與無助的是，她的內在也改變了，既無法說話也不能學習。

非常感謝學生們的愛心，小學師資組的好幾位同學，願意輪流到韋齊家裡陪伴及教導她。但具體要怎麼做？其實師資培育的課程也沒有教他們，只能依照自己的經驗與自我進修，一遍又一遍耐心地教，還要忍受韋齊莫名發脾氣，以及承受沒什麼教學回饋的低成就感。終於，韋齊能從單字到講出完整的句子了。郭媽說，世新大學師資生的陪讀歷程，對韋齊的復建非常寶貴。

05 克服行動不便的義肢復健

截肢後的復健，其辛苦程度真的難以想像。但如果要讓韋齊完全獨立，就一定要訓練她使用義肢（而且是魔鬼訓練）。雙腳的義肢是必須的，否則無法行動。但雙手的義肢呢？這可難倒了郭家爸媽，最後他們不得不面對現實，放棄雙手義肢，改為訓練截肢後兩邊不一樣長的手肘來夾住各種東西。

韋齊媽媽回憶……

我不願韋齊成為輪椅女孩，為了讓她早一點離開輪椅，自主行動，我展開了魔鬼訓練，強迫她每天練走。手的部分初期幫她做義肢，但韋齊是四肢都截肢啊！考量到如此一來家人每天都要幫她穿戴義肢，加上她右半邊癱瘓，這樣子韋齊要怎麼做復健？

我們不願意被這樣的病痛所綁，更不願意被恐懼打敗。我開始設想種種可能，更勤於求助有經驗的人，了解怎樣才是對全家人都好的方法。

在醫院的復健比較容易，因為復健師都是專業人士，比較不受患者的情緒影響，能夠堅持復健，甚至給患者一些懲罰。不論患者再怎麼怕痛、喊痛，該做的復健還是要做，否則情況只會更糟。

七歲的韋齊要練習義肢，腦部思維運作也需努力復健。

韋齊媽媽回憶……

在醫院復健時，職能治療師是個軟硬兼施的大哥哥，讓韋齊又愛又怕，他也是許多孩子眼中的魔鬼訓練師。但韋齊在回診時還常去看他（人的好緣分很重要），韋齊的就學資訊還是他提供的。

物理復健方面，肢體活動能力的訓練就沒那麼幸運。韋齊因右半身癱瘓、截肢後有傷口、怕痛以及復健師的急性子，使她成了一個不配合的賴皮者，甚至曾經被嚴重警告「退單」，不給她復健的機會。

回家之後的復健呢？因家人容易心軟，不忍心見到孩子受苦。只要能使孩子開心，什麼都願意為孩子做。而且家人容易想太多，一想到孩子的未來，就會越來越難過。自己都提不起勁，如何對孩子有信心？

韋齊爸爸的狀況就是這樣，想到韋齊身上發生的磨難，他的情緒就無法提振，且過度關注韋齊，這也影響到全家人的心情與對韋齊的態度。於是，郭媽不得不將郭爸和韋齊「隔離」，以免「不健康」的親子關係影響到復健。

韋齊媽媽回憶……

病後要適應新環境和新生活方式，每天要做各種復健。韋齊因身體的種種不便，凡事都要人幫忙，包含吃飯、洗澡、上廁所。只要她一吵，心疼女兒的爸爸就跑第一為她服務。

有個生重病的孩子，韋齊爸爸的心情掉進谷底，怎麼也爬不上來，每天只會面無表情地看著韋齊。韋齊在爸爸無微不至的照顧下，大多時候是開心的，但所有人卻被爸爸的壞心情，弄得烏煙瘴氣。

所以，我決定改變生活方式，換他出去工作，我回家照顧韋齊。我評估了家庭經濟狀態後，覺得眼前最重要的事就是：夫妻必須一起承擔撫養兩個孩子的責任。弟弟剛上小一，上學時間只有半天，我們夫妻要能分頭完成兩個孩子的事，或全家一起陪韋齊復健。

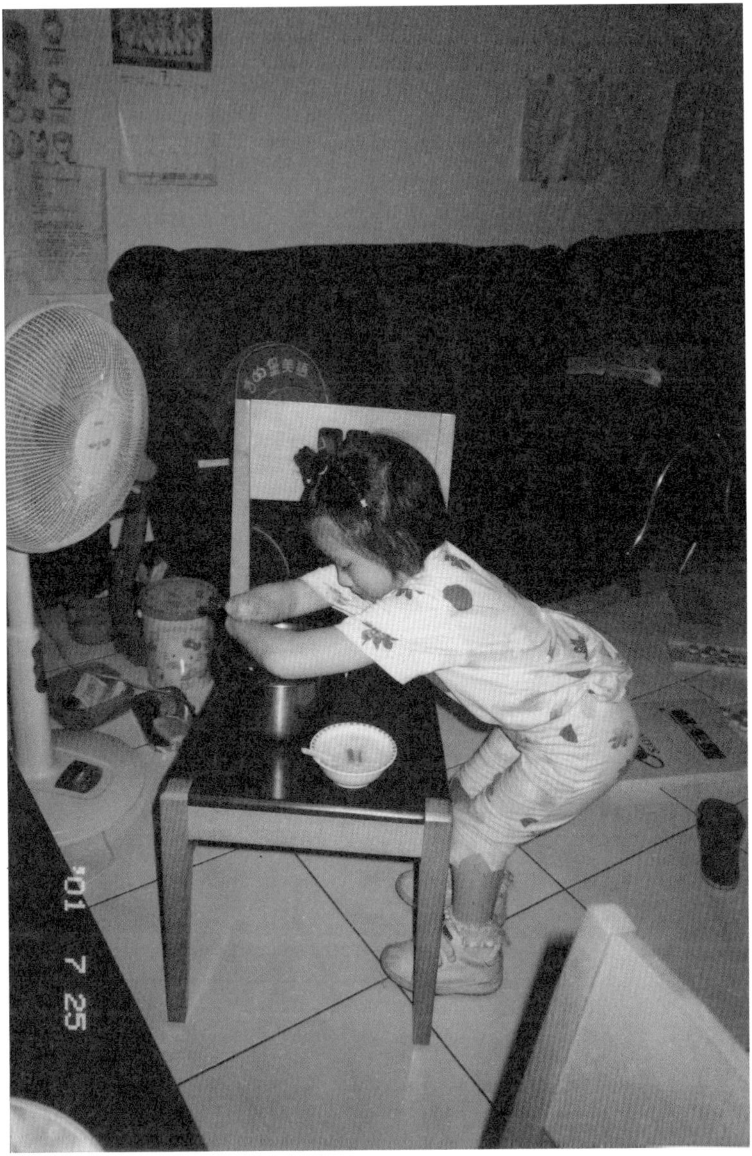

郭爸郭媽為了讓韋齊盡快適應截肢後的生活，吃飯時也盡量讓韋齊自己練習。

06 學習才藝都是為了復健

郭媽說，韋齊所有的學習安排都是為了治療她的身體。因為醫院的復健運動多半枯燥，成人還可以用意志力來克服，但對七、八歲的韋齊並不適用。於是郭媽將復健運動改為畫畫、跳舞、彈鋼琴等，都是韋齊喜歡的活動。

為了復健的效果，即使要帶著孩子東奔西跑，再怎麼苦，郭媽都願意。只希望韋齊心理和生理都健健康康，能學會自立——好好地照顧自己。

韋齊媽媽回憶……

孩子在復健時，不要看他眼前辛苦與可憐，就放鬆了，而要改採其他對她有幫助的方式，繼續復健。不要她說今天不想復健，就答應她，還是要照醫師說的方式去做。當然，要努力找到適合孩子的方法，復健才有效，一味強迫，只會事倍而功半。

韋齊在醫院復健時，很不願意抬腳，她說想要跳舞，我就去請舞蹈教室的老師「一對一」的教學。因為這種特殊小孩，不可能跟著團體一起學，不只跟不上（她的學習一定很緩慢），也無法與一般孩子的成果相比而增加挫折感。韋齊的運氣算好，還有人願意教她跳舞。

我的復健技巧是，孩子「想要」的，就設法給她，她有熱情去做，才會更認真，復健更有效。義肢公司很好奇，為什麼韋齊的復健特別快？她學會用義肢走路的速度比別人快許多，就是因為我依照她感興趣的事來安排復健的成果。

後來韋齊想彈琴，我沒給她什麼壓力，也不找老師。直接買了一臺電子琴，裡面的記憶體有百餘首歌曲，歌曲的音階會依序發光，就算她不會彈，歌曲還是會繼續演奏，鍵盤的燈光就像舞蹈一樣跳來跳去。韋齊為了想按到正確的位置，即使右半邊癱瘓，手肘還是能在電子琴上一來一去，這就做了復健。

至於畫畫的部分，因為當時要寫功課，我們就從容易使用的彩色筆開始，也開展了她的另一片天空，使她如今具有繪畫的專長。

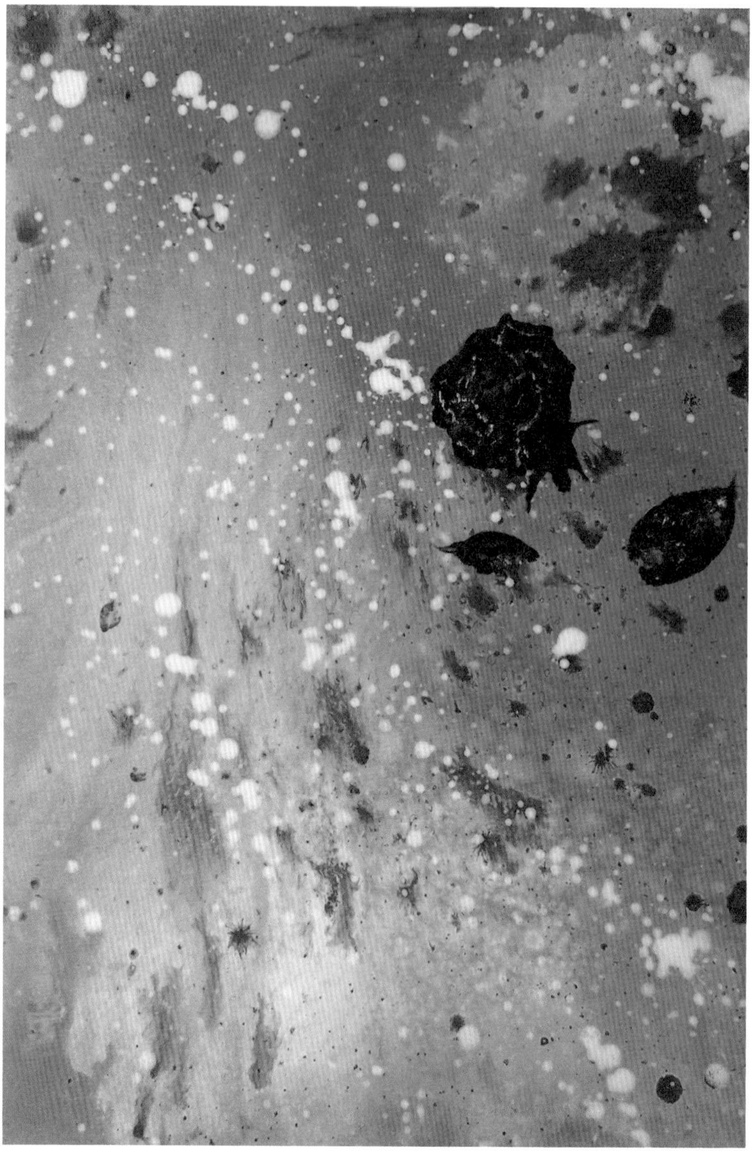

韋齊畫作〈堅毅〉，期望自己面對困境能展現堅強的毅力，美麗地活著。

怎麼運用繪畫來復健呢？怎樣才能讓韋齊有更多繪畫的機會？

韋齊媽媽回憶……

於是我繼續幫韋齊找繪畫的機會，因此詢問到口足畫家協會。協會的陳世峰先生到家裡拜訪。他是個沒有雙手的行動家與發明家，擁有一臺獨一無二的機車。陳世峰先生告訴我們，最重要的是隨時維持孩子的動力及創造欲望。他給我們帶來無比的戰鬥精神，讓我們深深感受到他的人生智慧。

但韋齊的情緒起落很大，卻不是我們可以控制的。讓孩子不被外在環境打垮，才是我的奮鬥目標。我常常給孩子鼓勵，要她抱持希望，但執行起來仍非常困難。因為韋齊需要什麼或不需要什麼，我們常常抓不到！

有人建議我們去聽謝坤山先生的演講，不放棄任何機會的我，當然是全家出動。我卯足了勁讓謝坤山先生認識我們，請他給韋齊機會與教育，這一次我們滿載而歸。謝先生還另外安排了家訪，送給韋齊畫畫的用具，鼓勵韋齊多畫畫。

這時韋齊正在練習用手的義肢撿豆子，看到韋齊不靈活的動作，謝先生給了我們一個特別而實際的建議：「韋齊的手最好不要用義肢，因為四肢都被義肢隔絕，冷熱的觸覺沒有了，反而更危險。」他說：「韋齊的危機就是最大的轉機，最嚴重的身障者卻也有相對的優勢。」

他希望韋齊能成為口足畫家協會的會員，但口足畫家作畫需要用口或足，對韋齊來說有困難。她喜歡用手拿筆，不願意用腳或嘴巴畫畫，謝先生的好意就此打住。

於是韋齊改到吳萬富老師開設的「璞璞畫室」——兒童繪畫教室學畫，一直學到高中，中間雖然偶爾停頓，但都能接續學習。畫室由吳老師夫婦所經營，最初他們不知道如何教韋齊畫畫，還去請教謝坤山先生。韋齊因為不適合用口、足繪畫，最後就用手肘夾著筆畫。畫畫是韋齊自己想要的，因為她很願意學習，所以學起來很快樂。

韋齊畫畫純粹靠後天努力及不氣餒的精神。二〇一八年，世界和平會協助韋齊首次開畫展，她還到畫室找吳老師討論。吳老師建議她擴充自己的學習範圍，包括水墨、書法，要多學習、多醞釀，因為藝術創作需要時間，急不得！

為了有更好的復健效果，郭媽對於任何有助於韋齊復健的活動都願意嘗試。所以，郭媽因此成了「找資源達人」、「學習達人」。

韋齊媽媽回憶……

我相信「吸引力法則」，只要你願意努力去做，「期望的結果」自然就會跑到你身旁。很多不可能的事情，因為你不放棄自己，也使別人不放棄你。只要你有所展現，就會有後續的行動。

我覺得「找資源」是不能中斷的事，「學習」也是。從韋齊發生事情開始，我忙著學習任何可以教她及協助她的事情。例如我去考美容執照、參加讀書會、心靈講座等，都是為了帶領她。我真的沒有那麼大的能耐，所以一定要多學習一些專業，精進自己不熟悉的領域。如今，韋齊上臺表演都是我幫她化妝的。

給別人梳化一次就要幾百甚至上千元，在我們沒有那麼多收入時，當然是由我去學習，然後幫她化妝，並教她皮膚保養。學習對我有許多好處，很多本來我不會的事情，都因為韋齊而使我必須變成一個會比較多東西的「工具人」。

韋齊運用殘肢進行繪畫與創作，不僅幫助手部復健，更是情緒紓發的管道。

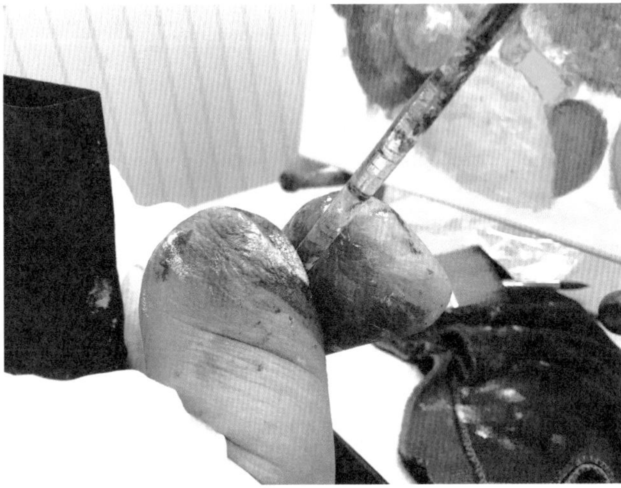

韋齊的表達能力在參與截肢協會表演後，慢慢有了起色。她第一次被採訪時，主持人劉銘先生問東，韋齊卻講西，根本不會回答問題，只是想到什麼就講什麼，別人講什麼她也聽不懂。她只是在自己能力範圍內，做自己喜歡的事情。其實，還是需要其他人的帶領。要建立她的能力時，如何能防備她的抗拒？技巧是：只要給她想要的，就可以了。

有時想來，也許腦傷反而是一種保護，讓她比較容易接受自己與別人的不一樣。等到她腦部復健得較好時，她已經適應自己的狀況了。所以，她的心靈部分是比較快樂的，像喜憨兒般笑嘻嘻的。

郭媽談起韋齊的腦傷，已經可以用幽默及自我解嘲的態度面對。當她說起韋齊像喜憨兒般笑嘻嘻的，不了解的人，可能誤以為她「歧視」韋齊與喜憨兒，其實並非如此。這反而是提醒「聰明的」你我，不要太嚴肅、爭強鬥勝，才會比較快樂。

宋朝的蘇東坡曾寫一首《洗兒戲作》：「人皆養子望聰明，我被聰明誤一生。惟願孩兒愚且魯，無災無難到公卿。」清朝的鄭板橋也說：「聰明難、糊塗尤難、由聰明轉入糊塗更難，放一著、退一步、當下心安，非圖後來福報也。」

07 從大不順走出來的心靈復健

看到韋齊，我們首先會想到的是身體的復健，也就是幫助韋齊適應少了四肢的生活。卻忽略了韋齊的家人，他們的心情、心態以及心境若調適不過來，就難以真正幫助韋齊。

「長照」的問題之一常是病人本身沒有太多心理問題，家人或照顧者卻先倒下了。這是大家應該多關注的焦點，無論是要照顧老人或身心障礙者，「照顧者」的心理健康也需要被關照。

韋齊媽媽回憶……

我與先生必須一起照顧韋齊，如果一個人有工作，由另一個人單獨照顧，壓力還是太大。我的體力真的很差，若沒有先生一起照顧，想到還有很多事情要幫韋齊解決，情緒就會如火山般爆發。

韋齊生病後，我的第一個反應是怨懟：「太過分了！太過分了！我到底做錯什麼了？」當時我想，如果要活下去，就要活得像個人；如果可以死，就快快離開人間吧！但從小我的價值觀告訴我，絕對不可用自殺的方式來解決問題，所以當先生有自殺想法時，我更加憤怒。心中的不平，靠眾多朋友和我的手足鼓勵，才撐得住。

我不斷閱讀各種勵志書籍、聽演講、上課，想找到正向的力量。那時我還有個有趣的想法：「吳淑珍都可以當總統夫人了，像韋齊這個樣子，她將來也許可以當總統吧！」儘管心中千頭萬緒，我還是盡量讓自己維持正向心態。我知道若不能這樣面對人生，這個家將永遠無法翻身，不知漂到何方。我保持著強悍的外表，內心的苦只能暫時逃避。

我讓自己過得很忙碌，參加各種免費藝文活動。第一年由於韋齊需要頻繁的復健，以及要幫助東昇適應小學生活，我的時間全部填滿了，沒有一絲一毫的空間時間可以悲傷。

韋齊媽媽為了避免被「負面心態」侵蝕，拚命攀附「正向力量」。除了因為從小的價值觀「絕不自殺」之外，也從實際行動——陪韋齊復健、幫東昇適應小學生活、參加各種免費藝文活動、從相關書籍中找答案等，維持自己「活下去」以及「好好活」的動力。

即使只做一點簡單的事，都好過胡思亂想、坐以待斃。許多人的「問題」不大，心情卻很「沉重」；就像海綿吸飽了水，把自己越拖越沉。

韋齊媽媽回憶……

話雖如此，一個原本單純簡單的家庭，瞬間變得不堪，做父母的我們該如何面對？不只有家庭內部的問題，還有外人和親戚朋友的眼光，才真是嚇人！只要陌生人從韋齊身旁走過，疑似恥笑或側目的樣子，都令我心頭之火直往上衝。我都那麼難受了，何況韋齊？身為當事人的她又要怎麼面對？我覺得實在好殘忍。

倔強的我不容許這樣的事情發生，於是我開始思考如何主動出擊。我改變策略，讓韋齊主動將病因告訴他人，減少別人的猜疑和好奇。其次，藉著高頻率接受採訪、重複曝光，讓民眾真正了解事因，減少因不理解而生的歧視或誤會，就這樣，韋齊成了眾所周知的身障人士。這樣的反向操作，是為了讓她的傷痛成為另一種成就與榮耀。讓別人看到她的勇敢，也為自己的傷痛找到合理解釋。讓更多人了解「生病不可恥」，看不起別人的高傲態度，才令人齒冷！

就在這似自卑又堅持自尊的方式下過了三年，我們把韋齊健康時的相片都封存，沒敢再看一眼。她的手腳已經找不回來了，任誰看了照片都會心碎。

當時，阿嬤的反應更讓我們頭疼。每次帶韋齊回臺南老家，她總是淚流不止：「老天爺怎麼沒有留一隻手或一隻腳給韋齊，至少方便一些！」這樣的話我極難回應，心中有很多酸楚。

釋聖嚴法師的「四它定律」[4]是指遇到重大災難，要「面對它、接受它、處理它、

[4] 由釋聖嚴法師提出解決問題的「四它」主張：(1)面對它：任何事物與現象的發生皆有一定的原因，唯有面對它、改善它，才是最要緊的事；(2)接受它：因果必須配合因緣，對於任何情況，若能改善它，當即予以改善，若不能改善，便面對它、接受它，不逃避；(3)處理它：若計畫好的事發生突變，不必傷心或失望，繼續努力，促成因緣，還是有成功的機會；(4)放下它：如果經過詳細的考慮，判斷因緣不可能促成，那也只好放下它，這與未經努力就放棄是完全不同的。

放下它」。所以，韋齊媽媽決定帶孩子一起面對這個很想逃、逃得越遠越好的「事實」。

韋齊努力地用剩半截的四肢，和部分受損的左腦過日子。但周遭的嘲笑仍常傷到她的自尊與自信。所以韋齊媽媽一開始就決定要韋齊自己面對「斷手斷腳」，要徹底學會不在意、不傷心，絕不要躲在家裡當鴕鳥。

起初聽到別人談論或詢問韋齊的狀況，接觸到別人同情或害怕的眼神，韋齊就心痛得不得了。但一次次勇敢的面對之後，如今韋齊遇到小朋友嘲笑時，就站著讓他們看個夠或繼續做自己的事，無視他人的圍觀。韋齊媽媽也要韋齊走向那些人坦然地向他們解釋：「我是因為生病，為了活下去才截肢。」不要逃避或將痛苦歸咎於別人，更不要把自己當成「受害者」，而一味地傷心或生氣。既然不能禁止別人觀看（或反而刻意不看），媽媽決定反守為攻，讓韋齊知道「生病並不可恥」，能主動跟別人解釋。讓對方直接感受韋齊的勇敢，體會韋齊的困境。

韋齊媽媽也懇請家長告訴還不懂事的小朋友，看到韋齊的模樣當然可以好奇，但討論或批評的聲音可以小一點，並請家長試著向孩子解釋，韋齊為什麼會變成這個樣子。

有一次，郭媽聽到一對父母跟小朋友說：「那個姊姊是因為受傷，所以才失去手腳。」郭媽立即走向他們，除了感謝這對父母這麼做，也更正：「韋齊是因為生病才截肢的。」郭媽要韋齊學習面對及化解這些傷害，直到聽別人談論自己沒有手腳而不再傷心，甚至還能微笑以對。

韋齊媽媽回憶……

先生話少到整天不說一句，成了個修行人，真看不出他到底在修行什麼？但他對韋齊卻無微不至且全然接納。就連韋齊無理取鬧，他也依然呵護著女兒！我和東昇看在眼裡，心中很不是滋味。為此我也展開攻勢，韋齊無理取鬧時，以嚴厲的口氣責備，而且沒有太多好臉色。也因為弟弟被爸爸「冷處理」，所以我給弟弟更多的關愛。

父母這樣「分工」（白臉與黑臉），看起來好像公平，但今日在我寫回想此段經歷時才恍然大悟，其實對孩子的愛是不可由他人取代的，也就是必須各司其職。我們雖然沒有放棄給孩子愛，卻給得很「失衡」，還「自以為是」！爸爸對女兒很寵溺，我卻對她萬分嚴格；爸爸對兒子很嚴厲、不苟言笑，我卻對他百般呵護、加倍疼愛。真是一對非常不健康的父母啊！

郭家這段經歷也許能給一般家庭很大的警惕。父愛和母愛是不能代替的，表面上父母「一嚴一寬」似乎互補，看似平衡，其實反而更糟。

這就是所謂「父母管教態度不一致」，一個太嚴格，另一個卻溺愛，結果無法給予孩子應有的關懷與正確的規範，「愛」與「紀律」兩頭都落空。可惜當年郭家並沒有發現這個模式的弊端，一直持續這種失衡狀況至孩子長大。

韋齊媽媽回憶……

因韋齊的特殊需求及我的強悍個性，為了面對與接納所有困境，我卯足了勁到處上課，學習新時代的3C產品及韋齊會用到的所有事物，包含心靈提升的方法，我一樣也不敢遺漏。

自我要求頗高的我，因著孩子而練就一身膽識，為了讓孩子不退縮。這一切苦難都來得不知不覺，卻讓我為自己的坎坷道路找到人生的解答。回顧時才發現，孩子的積極和勇敢，來自父母的身教。

當然，韋齊對我的不滿和依賴，也是無形中造成的。兒子對我的直言，則是我留給他的空間和權力。我非常重視兒子的陪伴與存在，他帶給我希望與動力。表面上我教他照顧自己，其實我要的何止這些！

我不停帶領韋齊成長，希望她成為能自理生活的身障者；對兒子，我則希望他擁有獨立思考與自由發展的空間。家中的每一分子，好像都不能停歇地一直向前衝，但強悍與柔順同時存在我們心中。

這樣錯綜複雜地經歷了二十年，我終於相信「勇敢面對苦難的人必得救，逃避問題就只能掉入苦難的深淵」。現在我能用「太棒了、居然碰到了、又有成長空間了」的樂觀態度，面對已經發生的困境。

郭媽的以身作則，是否真的能讓韋齊勇敢、獨立？當孩子都進入成人階段後，郭媽想為自己找回自由，不想繼續被韋齊「綁架」。她想自由自在地去旅行，不用再為孩子打理一切，不再二十四小時、全年無休地與女兒黏在一起。

但郭媽發現自己錯了，韋齊對她的依賴並非想像的薄弱。只要郭媽不在，韋齊就會每天瘋狂地打電話，問她一大堆問題；兒子則氣到不和媽媽說話，至於枕邊人……唉！雖然郭媽很想做自己，結果還是不能脫離家庭的共同生活圈。

郭媽還是得先呵護家人，然後才可做自己的事、過自己想要的生活。「放手」也要慢慢來，郭媽被無形的力量又拉回原本的位置，再次為這個家而努力。因為他們已經習慣依賴郭媽了！這是好是壞呢？

然而，讓韋齊獨立是郭媽始終不變的「大概念」，所以還是要練習「放手」。

08 返校復學

因為搬家，韋齊不再回去原本的豐年國小就讀，但豐年國小的班導師對韋齊非常好，韋齊病後還是回到班上和同學玩了一陣子。豐年國小也安排了身心障礙相關資料或課程給郭媽，且有募款等物資幫助。

當時，豐年國小的教務主任胡峻豪說，韋齊的父母懂得運用媒體力量，所以韋齊能引起較多關注。若非父母這麼用心地向外界求助，身障孩子要迎向光明真的非常困難。對於身障孩子，胡峻豪覺得學校教育在「有形部分」做得較多，如輔具或輔導學習障礙、情緒障礙等外在問題較明顯的學生；但在「無形部分」就做得不足，如特教生的情緒紓解、人際關係、生涯發展等。他希望國家未來在教育經費的分配上，能多加強這個部分。

有了醫院床邊教學的美好經驗，郭家也期待韋齊復學後，在校的學習狀況也能順暢地發展下去，然而「復學」從一開始就不太順利。為了配合復健韋齊，曾在二年級休學一年，在家自學，因此校方依規定要求韋齊復學後應直接就讀三年級。但是郭爸郭媽認為，韋齊學識上仍無法跟上二年級的課程進度，何況還有智能受損問題，所以希望讓韋齊從二年級重讀。可惜，學校出於制度面與其他考量，不能接受這些理由，堅持韋齊要從三年級復學。

韋齊媽媽回憶……

韋齊在小學一年級結束前生病，出院後因為復健而休學一年，申請「在家教育」。復學時，學校要求她直接讀三年級。最後由於我不斷地堅持，才得以重讀二年級。

當時在家教育的老師經常請假，韋齊根本沒學到什麼，就算一般孩子要跳級讀三年級都有困難，何況韋齊還有腦傷。現行教育制度其實容許小學多讀一年，就是針對韋齊這種特殊狀況。

但，學校認為既然你已經申請「在家教育」，就把這個當做二年級，我覺得這樣的做法其實是揠苗助長。還好最後經教育局的「特教鑑定小組」審查通過韋齊為重度肢障，備註輕度智障，讓韋齊可以從小二開始。

其實即使是二年級，韋齊還是跟不上，自然要加入「資源班」了。

在此我想建議教育當局，「小學不能休學或留級」[5]這個問題應該重新考量，因應個別需求——不管是學習障礙或身心障礙，「開放」才是較佳答案。

韋齊在三年級時癲癇發作，腦部損傷更加嚴重。幸好在資源教室的學習使她已經四年級還可以再學三年級的課業，不用隨著原班的進度。可以用特教的進度上課、特教的方式考試，對韋齊來說的確較為適合。

[5]《國民教育法》（二〇一六年六月一日修正）第三條規定：「國民教育分為二階段：前六年為國民小學教育；後三年為國民中學教育。對於資賦優異之國民小學學生，得縮短其修業年限，但以一年為限。」但未提及延長修業年限之規定。《特殊教育法》（二〇一九年四月二十四日修正）第十二條規定：「為因應特殊教育學生之教育需求，其教育階段、年級安排、教育場所及實施方式，應保持彈性。特殊教育學生得視實際狀況，調整其入學年齡及修業年限；其降低或提高入學年齡、縮短或延長修業年限及其他相關事項之辦法，由中央主管機關定之。但法律另有規定者，從其規定。」

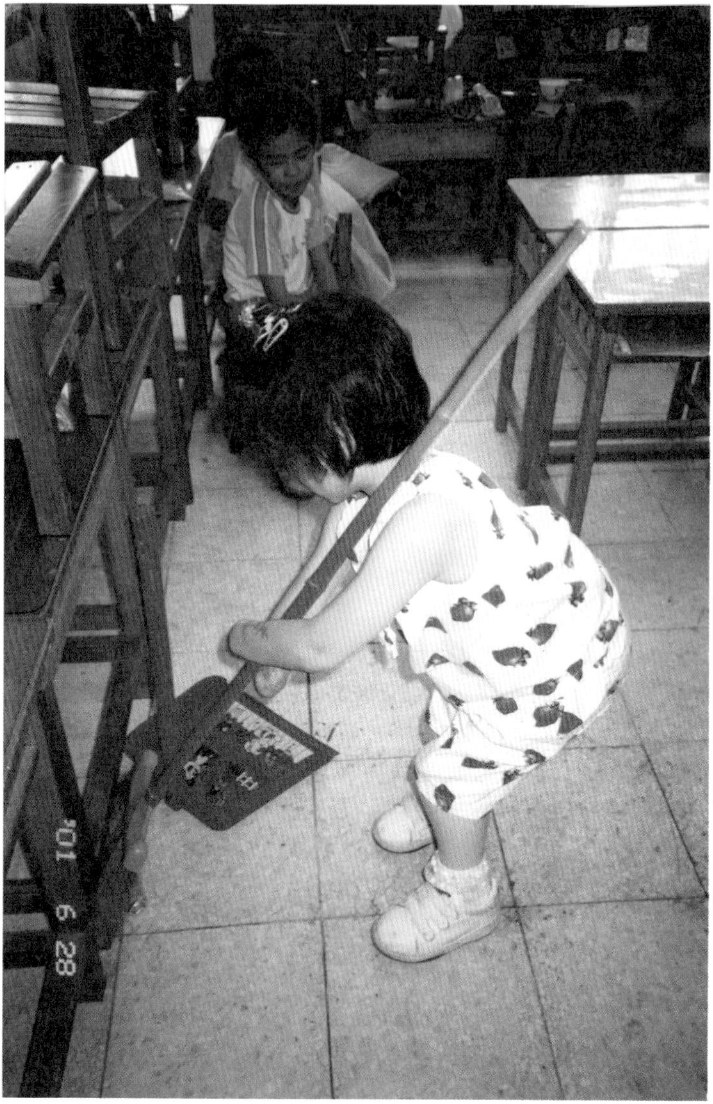

返校復學後，韋齊也像其他同學一樣進行打掃工作。

我覺得大家並沒有站在身障者的立場思考，美其名給他們資源，其實不一定符合需求。因為身障者通常不只有單一障礙，常伴隨多重障礙，只是沒有一項一項列出來而已。而且，有身體障礙往往就有心理障礙。但臺灣的教育沒有針對身障者的「心理障礙」提供資源補充。

身障生有辦法與一般生融合在同一班級上課嗎？真的不容易！最後，身障生還是生活在他們自己的小圈圈裡，與一般生是完全不同的兩個世界。你覺得一般學生會接受他們嗎？真能融合嗎？雖然融合制度立意良善，但實際上根據我們的經驗，放在一個班級，恐怕只是讓一般生去欺負他們而已。

很遺憾，我們對融合制無法抱持肯定的心態。多少人有愛心？我覺得真的很難！班導師如何帶領班級的氛圍、如何對待身障生是關鍵因素，是要將身障生和一般生一視同仁地對待，還是盡量照顧身障生的需求呢？每位老師又都有自己的教學風格，帶領有身障生的班級，對不是特教專長的老師來說的確很難掌握分寸。

例如大家用過午餐要自己洗碗，身障生也要自己洗碗。但，你想想，為什麼他叫身障生？你怎麼可能叫他什麼都跟一般生一樣？你可以給他其他可做的事，而不是什麼事都要跟大家一樣。你有辦法教他洗碗，才可以這樣要求他。但你教他的方法也不會跟一般生一樣，為什麼要求身障生要跟一般生一樣的行為標準呢？

學校原先不同意韋齊申請重讀二年級，郭媽為此幾乎上了所有新聞，成了記者採訪的目標。由此不難理解，郭媽回憶當年，至今情緒仍十分激動與悲觀的原因。

至於郭媽認為將身心障礙生與一般生「放在一個班級，恐怕只是讓一般生去欺負他們而已。」乍聽有些偏激，但也是郭家多年親身經驗的感觸只是「大多數」一般生的家長或教導一般生的老師，難以真正體會，所以容易忽略特教生的感受，讓特教生的家長倍感寂寞、無奈，甚至造成對立關係，大人之間也站成了兩個世界。

韋齊後來進入中港國小，並不全因為搬家；其實是在找其他小學時，碰了一些軟釘子。幸好「苦盡甘來」，中港國小的校長指定鄺姿錦老師當韋齊的導師，這又是一位上天特別指派的天使。

鄺老師回憶當年：「基於一個當媽媽的心態，我想如果自己的女兒如此，一定也希望別人接納她。所以我接受韋齊入班，心裡沒什麼掙扎。」鄺老師聽到韋齊媽媽認為：「特教生與一般生不同，應有特殊的方法教導，不應與一般生一視同仁。」

她覺得媽媽的觀念進步了當年韋齊媽媽也要求老師要將韋齊視同一般生，並未啟動「特教機制」。

鄺老師與郭家父母的關係良好、合作無間，彼此非常有默契。當時媽媽入班陪韋齊上課了一整年，鄺老師採取「編序教學」方式——依韋齊程度決定進度，由淺入深，一關一關地過。所以大部分的學習韋齊都沒有困難，少數地方有困難時，媽媽會在一旁協助。

如何讓全班學生及家長也了解與接納韋齊呢？開學時，鄺老師利用家長日，將韋齊的狀況向全班家長詳細解說，尤其強調對這小朋友成長的好處。有了好的開始，建立信賴基礎後，全班學生就能一起幫忙照看韋齊。

可惜，升上小學三年級後，新導師不同意韋齊媽媽入班陪讀，大多數老師也說自己不了解特教，因此學校啟動特教機制，由輔導室特教組接手韋齊的教育工作。學科有困難時，就進入資源教室學習。

還好升上高年級後，韋齊的好運又回來了；呂億如老師擔任韋齊兩年的導師，這是她求學期間最美好的回憶。

呂億如老師說：

韋齊直接分配到我班上，事前學校並未徵詢我的意願，但我也完全沒有問題。

第一天上課，她就癲癇發作，把午餐都弄翻了，嚇了我一大跳，善良的韋齊，事後卻一直擔心是否把我嚇到。我與韋齊就像朋友一樣，我藉由她的好勝心，激發她做一些事情。一般來說，這樣的孩子容易自我封閉，幸好韋齊「不服輸」，還是願意嘗試。我本來擔心她夾著手肘寫字及操作電腦有困難，結果她都一一克服，表現得非常好。

當時父母負責接送，所以每天放學都有半小時可以與家長談話。我被家長感動，也被孩子的精神感動，我們的親師溝通非常良好。而且家長信任我，例如有時韋齊跌倒，家長都不會怪我。帶領韋齊對我而言，一點都不感到困擾或煩惱，我只擔心自己的能力不夠、方向不正確，所以常參加這方面的研習活動。

我在班上營造共同照顧韋齊的氣氛，雖然男生有時會與韋齊鬥嘴，但慢慢地也學會如何照顧韋齊。有時雖沒照顧好，小朋友也不用擔心被老師責罵。韋齊六年級時月經來了，平時都是我幫她換衛生棉，某天我因公假不在，班上女生竟然主動幫忙韋齊換衛生棉，讓我非常感動與覺得欣慰。

我在初任教師階段就遇到韋齊，與她相處兩年，讓我日後對特教生與家長，有更多包容及同理。所以，我要特別謝謝韋齊及她的家人，讓我的教職生涯有好的開始。

這是一段非常正面的「教與學」經驗，韋齊及郭家父母一定盼望教育界更多像呂老師這樣「幼吾幼以及人之幼」、積極進修特教專業、帶領全班一起照顧特教生的好老師。

不僅家長對呂老師感到千恩萬謝，尤其呂老師還願協助特教孩子更換衛生棉，這是多麼私密且不容易做到的工作啊！謙虛的呂老師竟也感謝家長給她更多學習機會及完全信任。講到個人私密，順便提一下特教生的如廁需求，以及學校還可幫助特教生的事項。

韋齊媽媽回憶……

我曾向學校建議加裝免治馬桶供特教生使用，身障生為什麼需要免治馬桶？他們上廁所可能無法靠自己擦拭乾淨，有了免治馬桶的自動沖洗裝備，既方便又可確保衛生。但有些校方人士卻不覺得重要，認為方便性、衛生、隱私、個人尊嚴等，那都是個人的事，應該自己去找方法解決，不要麻煩別人。

其實不只如廁需求，身障生在學期間的其他需要還很多，如生活協助、學業協助、戶外課程及校外教學、考試、住宿等。當然不能也不該全部依靠老師及同學的「愛心」，所以，有些身障生的父母才會為了爭取孩子的權利，不惜與校方發生衝突。

身障生需要的協助，都是學校的責任嗎？當然不是！但學校若能提供相關資源或諮詢、顧問等服務，應有助於減少親師間相互期待落差而造成的衝突。

以過動兒來說，注意力不集中，容易影響班級秩序、教學效果、師生與同儕關係。學校若能及早提供家長校內外資源，推薦家長參加校內外的支持團體，就越能有效與學校一起協助孩子改善學習、情緒、人際等問題，以免一直錯怪特教孩子「不乖」或父母「不管教」。

不少特教生父母「心有餘而力不足」，才不想面對孩子的問題，因為找不到好方法有效幫助孩子。不只經過鑑定的特教生需要協助，很多「隱藏型」的特教生（較輕微或未經鑑定者）也需要引導，以免因為隱藏問題而持續惡化。教育資源缺乏的偏鄉學校或家庭經濟弱勢的孩子，屬於「隱藏型特教生」的比例更高。

也許因為經濟弱勢的家庭，父母忙於生計或教養知能不足，對孩子的關照及指導較少，以致孩子的智能發展較慢、學業基礎較差、情緒較不穩定。

韋齊媽媽「推己及人」，從「已鑑定的特教生」推論到偏鄉學校或弱勢家庭的「潛在特教生」。她認為，若家庭功能不足，老師就要更有方法，但老師是否具備足夠的「補救教學」能力呢？如果教學只是文字上的傳授，應該沒有小孩想要上課吧！

尤其在偏鄉，他們的生活模式是動態的，若不用動態的方式帶入知識與學習，或讓學生發問再由老師回答，他們就難以認真學習。其實這些隱藏、假性的學習障礙者，不是不能學、不想學，而是缺乏適性的引導。郭媽對於學校教師的表現，是既感謝但更期盼。「好老師」對於家庭功能較弱、親職能力不足的家長，更是「求之不得」。

09 人際關係的隱憂

並非所有事情都能這麼幸運，有一個問題仍很快地明顯化，就是韋齊的人際關係。小學階段的韋齊，不僅需要爸爸媽媽的陪伴，還需要同年齡的小朋友，但家中只有弟弟，因為她休學在家，所以根本沒有機會與其他的小朋友一起玩。

社區雖有許多小朋友，但她與同儕相處仍有著極大的障礙。除了因為她的外表與行動不便，使同儕不敢靠近，還因為腦傷影響了韋齊的理解能力，當同年齡的小朋友跟她說某些事情，卻發現不能溝通時，自然就會疏遠她。

韋齊媽媽回憶……

韋齊剛回新家時，因行動不便，整天要復健，只能呆呆地待在家裡吃吃喝喝（每一餐都是餵食），有時塗鴉畫畫，體重在短短一年內增加一倍，這是她生病後最快樂的一段日子。

但她在家裡很孤單，只能等弟弟放學後陪她，甚至要求我們帶她參加弟弟班上的同樂會。這時的弟弟還相當單純，對家中的變故沒有太多想法或吵鬧，只是突然發現原本照顧他的姊姊完全走樣了。

日子一天天過去，復健一天天地重複做著，韋齊的感覺也一天天增多。她需要朋友，她想要玩伴，社區孩子大都是同年齡層，大多能夠和善地陪她玩。但不久就發現，因韋齊的理解能力與同儕有落差，加上她行動不便所帶來的限制，有的人因害怕她的外表而漸漸疏遠。韋齊慢慢地沒有朋友，對家人的依賴更加明顯。

韋齊至少還有弟弟吧！剛開始，個性溫和的弟弟的確是完全接受姊姊的變化，包括她的無理取鬧或任性賴皮。大人要求他要配合姊姊，他也完全服從，可是這樣做對弟弟其實很不公平。

弟弟漸漸無法忍受姊姊的脾氣與爸爸媽媽的施壓，家人關係因為姊姊而越來越不健康。例如爸爸對韋齊越好，就對弟弟越兇，如此惡性循環。

韋齊媽媽回憶……

個性內向溫和的弟弟，被要求無條件地接納不一樣的姊姊。大人多半站在韋齊那邊，不斷要弟弟配合霸王姊姊。韋齊因有眾人的寵愛和不明理的遲鈍（腦傷），這樣的笨拙，讓韋齊幸運躲過最殘酷的變局，卻使弟弟無辜受害。

弟弟常受外人詢問而覺得難以啟齒，對姊姊的容忍也漸漸褪去，而韋齊對父母的霸占卻更加強烈。爸爸對弟弟不滿，於是更嚴厲以對，但對韋齊因愧疚與憐憫，反而更加寵愛。表面上，家人的心彼此依存；實際上，卻各自包裹著不為人知的傷痛。

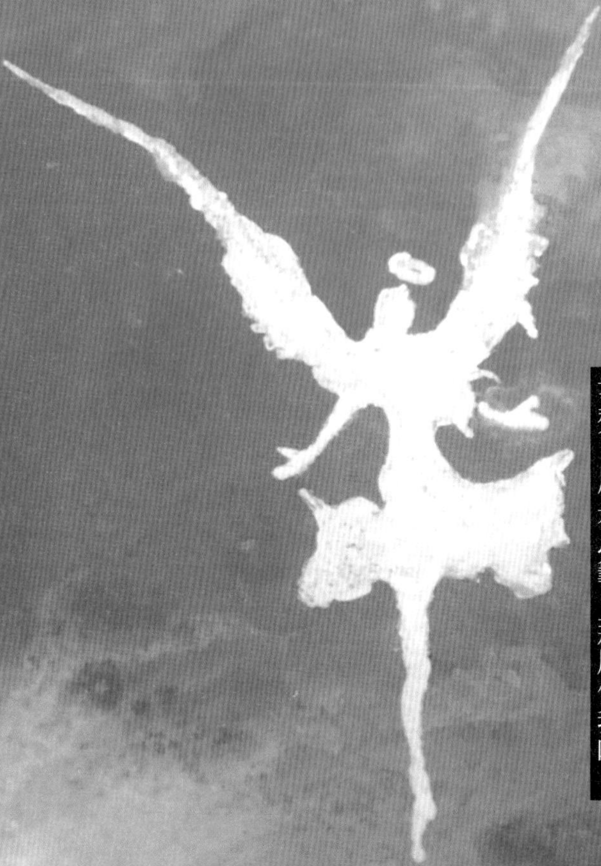

Part 3

挑戰

韋齊知道自己的障礙所在，她比我們缺少了許多
所以要加倍努力，才能「超越」
在人生這場龜兔賽跑的賽局裡
韋齊自居是烏龜，那麼你我呢？

挑戰，除了「被動接受」眼前的難題之外，也包括「主動找出」訓練自己的方法。無論是被動或主動，目的都在增加「問題解決的能力」以及「生命的強韌度」，並無積極或消極之分，只是外加與內發，或者是別人認為的問題與自己設定的目標的區別。

「被動接受的挑戰」不少來自於外在不公平的對待，甚至是霸凌與歧視。雖不能改變別人，但能慢慢說服與影響對方。特教生需要去與人「應對」，不應「退縮」；要「自我肯定」，不要「攻擊別人」。「主動尋找的挑戰」就是「走出舒適圈」，以更困難的任務轉移自己的焦點，激發內在的潛能。

挑戰就像軍隊平日儲備的「戰鬥力」，以及現代企業要求的「競爭力」。以生涯發展來說，是「養兵千日，用在一時」，是點、線、面的連結，是「熟能生巧」的功力。

韋齊知道自己的障礙所在，她比我們缺少了許多，所以要加倍努力才能「超越」身體缺陷。在人生這場龜兔賽跑的賽局裡，韋齊自居是烏龜，那麼你我呢？

01 升學的挫敗

每次面臨升學關卡（國小升國中、國中升高中、高中升大學），郭媽就開始頭疼。一路上，韋齊都就讀資源班、學科成績差，怎麼有機會讀到心目中理想的學校？

當然，郭媽還是不斷爭取、不會放棄，這也是為了其他身心障礙的孩子著想，希望他們也能獲得較多升學「轉銜」的協助。多年的經驗，練就郭媽不怕被拒絕的勇氣，她繼續為韋齊找學校（大都被拒絕）。希望找出一條適合韋齊的學習道路，能結合鋼琴、舞蹈這兩項韋齊努力多年的成果。

可惜，韋齊的升學之道並不平順，很少有高中、大學願意接受她，加上被霸凌的不愉快經驗，漸漸地，她覺得自己好像得了「懼學症」，很害怕再上學。高職畢業之後，她決定放棄升大學。

韋齊媽媽回憶……

韋齊的腦傷對她是一大障礙。後天的腦傷其實可以透過復健而進步的，韋齊的困難在於腦傷恢復得慢，和學校的教學速度無法同步。但制度多以單項障礙別做考量，並沒有多重障礙。

韋齊在小學時基礎沒有打好，所以升學一直很困難。國中腦傷恢復到比較可以學習時，卻無法面對霸凌問題。而現行的特教學校像是褓母學校，沒有開放輕、中、重度都可以使用的資源，我們因此不傾向就讀。

韋齊最想讀音樂系，輔大因為離家近，教室及各方面設備、師資都很周全，是韋齊的理想校系，可惜無緣入校就讀。去北藝大詢問升學機會時，被當時的校長說，應該去找師父學習手藝就好。北體大則須用一般生考試標準（未開放身障生名額），且術科分數極高，但韋齊的狀況連筆試都沒法通過。韋齊所有的得獎紀錄，都非公部門頒發，所以不列入升學的加分。

當時開放給身心障礙學生的名額，都不符合韋齊的志願。紙筆或學科考試對韋齊來說非常困難。身心障礙學生的升學，是否可以考慮開放更多校系，並採用更多元、更彈性的評量方式呢？

由於特教生的升學管道與一般生不同，所以韋齊媽媽希望教育制度能更尊重、溫馨、有彈性，多一些同理心給特教生。如果可以「選擇」，家長多麼希望自己的孩子不要這麼「特殊」（尤其是屬於弱勢的一類），他們也不想「被優待」。

韋齊媽媽分享：

特教生的重新鑑定，也是個很令人沮喪的制度。明明已有學生資料了，為什麼還要重新鑑定？這些資料都已詳細記載了，可以請輔導室再補充特教生的進步或現狀，不就可以了嗎？為什麼還要去醫院，在一個陌生的環境甚至是一個會議上，面對全部都不認識的教育局人員，好像在開審判會，由他們決定給不給你資源呢？

是不是可以多些尊重？依照學校提出來的內容，給予相對應「因材施教」的措施。包括這個學生現在已經訓練到什麼程度？需要教育局再給怎麼樣的資源？學校不是原本就有「個別教育計畫」嗎？

國中升高中、高中升大學，學校輔導室會怎麼建議韋齊升學管道呢？講到這部分，韋齊媽媽的臉色就開朗不起來。因為「適性教育」在身心障礙學生身上，似乎沒有落實；很難依照他們有限的「天賦」（或可做的事）進行升學輔導。整個特教生的「個別教育計畫」，並沒有銜接。每次碰到升學的轉銜時刻，韋齊媽媽就要東奔西跑，結果仍然沒能幫韋齊找到合適的學校。

不是韋齊挑學校，而是學校挑韋齊，最後是沒有學校願意收韋齊。有一次，韋齊上張小燕小姐主持的綜藝節目時，小燕姐幫她呼籲：「哪個大學願意收韋齊啊？快點跟我聯絡。」

韋齊因為輕度智能受損，學科考試必然失利，升學的管道更窄。就算智能沒有問題，如果參加身心障礙的特別考試，還是會面臨大學是否收特教生的關卡。不少學系以教授不具備特教知能為由，婉拒特教生。但我們要問的是，特教生的「教育機會均等」在哪裡？

韋齊媽媽回憶……

韋齊本想讀美術班，但教育局不給她機會，因為讀美術要有天份，還要考術科，韋齊哪有辦法畫素描？所以她沒有學校可讀。

教育局沒有給這類孩子足夠的教育資源，尤其在非考科的方面。如果是非常重度的障礙，只要找一個「褓母學校」照護就好，但其他的弱勢生，為什麼不能給他想要學習的科目，不必每一科都要學啊！數學這科，韋齊怎麼樣也學不會，為什麼不給她其他有用的教育資源呢？

那時，教育部說重度身障者可以免學費讀到大學畢業，但我想請問：重度肢障生，你給了他什麼環境可以去讀大學？你設的免費學習到底是給誰？特殊生想用免費學費來學他所擅長或有興趣的事並不可行，因為大學根本不收他們！

看到韋齊媽媽令人難受的控訴，對照我國的《特殊教育法》，似乎有很大的矛盾？到底哪裡出了問題？韋齊是否錯過了什麼？如：

第十八條　特殊教育與相關服務措施之提供及設施之設置，應符合適性化、個別化、社區化、無障礙及融合之精神。

第十九條　特殊教育之課程、教材、教法及評量方式，應保持彈性，適合特殊教育學生身心特性及需求。

第二十條　為充分發揮特殊教育學生潛能，各級學校對於特殊教育之教學應結合相關資源，並得聘任具特殊專才者協助教學。

第二十二條　各級學校及試務單位不得以身心障礙為由，拒絕學生入學或應試。

各級學校及試務單位應提供考試適當服務措施，並由各試務單位公告之。

第二十九條　高級中等以下各教育階段學校，應考量身心障礙學生之優勢能力、性向及特殊教育需求及生涯規劃，提供適當之升學輔導。

第三十一條　為使各教育階段身心障礙學生服務需求得以銜接，各級學校應提供整體性與持續性轉銜輔導及服務。

大學端也有詳細的方案協助身心障礙學生，例如《輔仁大學特殊教育方案》（二〇一三年通過，二〇一七年修正）中的課程及服務內容包括：生活協助服務（同儕協助、住宿協助、支持關懷、輔具申請、交通費補助）、學業協助服務、心理諮商服務、轉銜服務、社會適應活動、教育宣導等。

整個方案的設想可謂非常周延，但方案通過的時間的確有點晚。

韋齊媽媽回憶……

我曾經提過，可不可以讓我們自己找老師，或教育局給我們老師。韋齊只想專攻比較擅長的兩科，其他科目都學不會，結果都行不通。教育部說一定要在正常體的學習環境內，才可以得到免學費的優待。讓我們感到很無奈，為什麼要弄得那麼複雜呢？

可以獲得讀大學機會的特教生，多是因為得到特殊資源，是父母去衝撞出來的。例如父母曾經是記者，因為有很多關係、資源以及特別的人協助他們，才能上到理想的大學。如果沒有這些人的幫忙，絕對不可能讀到好大學，所以還是要靠私人關係。

我們的教育為什麼不能鼓勵學生有自己的特色？韋齊可以得到那麼多媒體關注，不是因為她特別好，而是她走出一條不一樣的道路。就像她的腳不行，卻去爬玉山；手不行，卻去彈鋼琴。誰會做這種事？這份精神會不會影響到一般人？正常人都做不到的事，她卻做得到。

特殊生對正常人的影響，可能比正常人影響正常人還要大。大家有沒有看到這個點？大家看到韋齊這樣的人在舞臺上表演，就會「哇」的一聲。為什麼正常人笑不出來，韋齊卻可以那麼開心？要達到這樣的落差，是很辛苦的。

為什麼韋齊可以如正常人般正常生活？這就能刺激大家思考生活的目的，以及自己為什麼會失去人生目標？

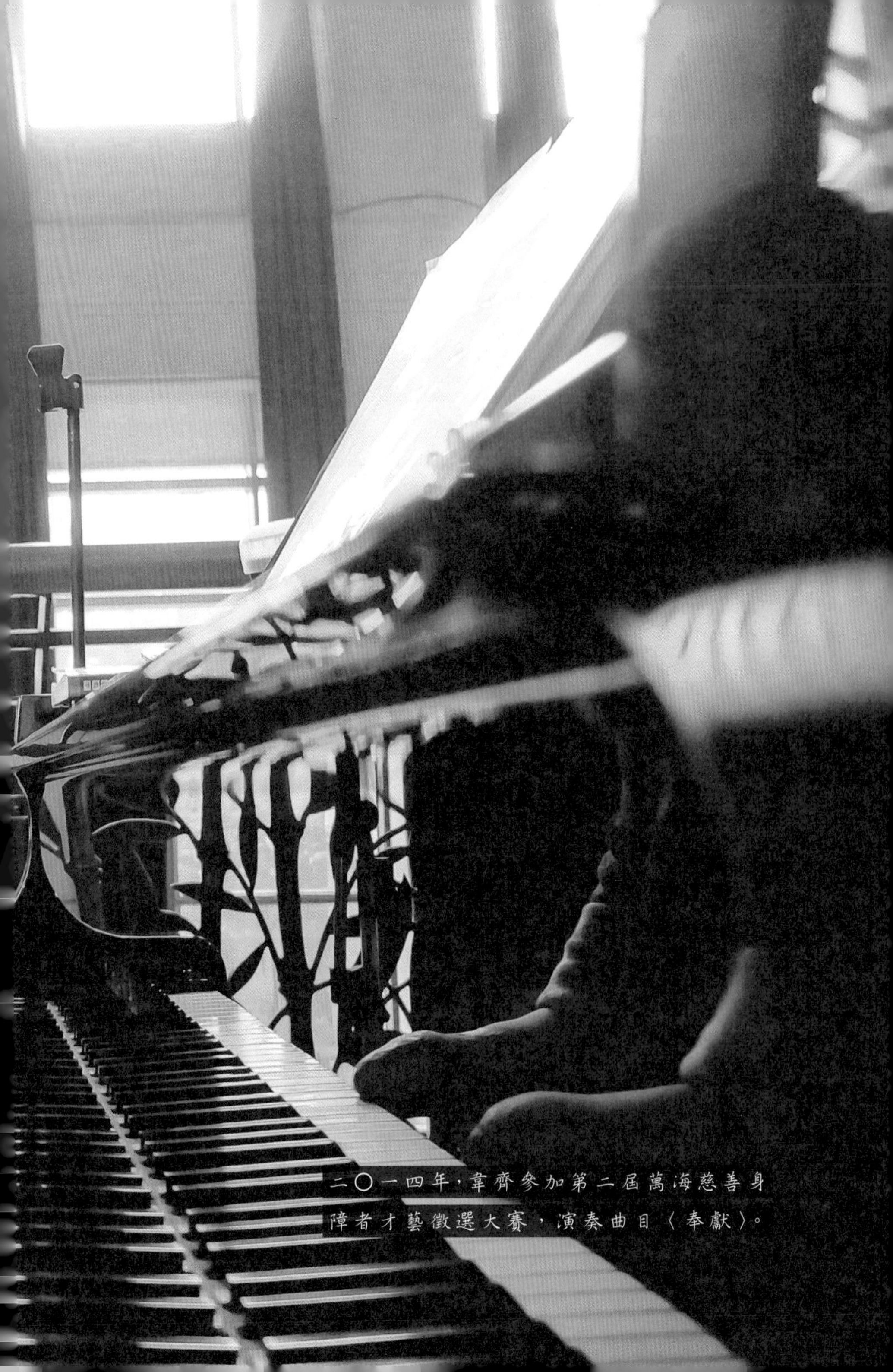

二〇一四年，韋齊參加第二屆萬海慈善身障者才藝徵選大賽，演奏曲目〈奉獻〉。

最後，韋齊媽媽還是再重申一次免治馬桶的事情，最近她接觸到一個也是四肢截肢的小女孩，為了向學校申請裝設免治馬桶而煩惱不已（感謝學校，已經安裝了）。其他相關的設施，並非專為某些特殊生而設，也為所有需要者而設（包括因受傷等因素的短暫身障者）。所以，特殊生家長要大方、勇不放棄地繼續爭取，千萬別灰心、退縮。

韋齊媽媽回憶……

無障礙空間或者免治馬桶，都非專為韋齊而設，只是把特教經費撥到這裡來使用。學校應考慮到上述設施不管哪一種障礙都用得到，並非只是肢障的學生。以免治馬桶來說，因為衛生很重要，還有自我的隱私權，如廁後不需別人幫忙，能感覺自己充分被尊重。

我們不是胡亂要東西，若有人突然發生什麼事，以致手腳不方便時，免治馬桶實在很方便，不用假手於人。如果怕廁所被破壞，可以鎖門，將鑰匙放在特教中心，需要時再去借。而且現在免治馬桶很便宜，一個教育單位不會沒有這筆預算，只是想做或不想做的區別。

不是只有韋齊一個身障孩子要使用，只是多數身障生的家長不敢去爭取，覺得這樣很卑微或很不堪，那種心情我能理解。許多身心障礙學生的家長會覺得，我爭取半天，結果都沒回應；再多講幾次，不是大家都很難堪嗎？於是就放棄了。

02 重建自信

特教的孩子本來就比較沒有自信，所以可從日常生活開始，讓他們學習獨立。能夠生活自理，就會產生成就感。尤其像韋齊這樣的狀況，看起來完全需要別人照顧，若能夠照顧自己，就能建立自信。

這部分的問題不僅存在特教孩子身上，越來越多「直升機父母」過於保護孩子，使他們自立、自理能力建立不起來，變成無能的人，因而缺乏自信。「媽寶」或「爸寶」的孩子長大後，抗壓力、問題解決能力、人際溝通能力，均可能低於應有水準，此時該怎麼補救？父母能照顧他一輩子嗎？

韋齊媽媽分享：

對於特教孩子，不要因為他不方便就同情，很多事還是要留給他自己做。所以，現在韋齊會煮飯，能自己搭公車、坐捷運。

到底是孩子笨，還是家長幫太多？為什麼許多家長想不通呢？孩子過度依賴、無法獨立，這是因為不少父母個性較急、想要速戰速決、懶得等待、沒耐性，才造成孩子求學或工作時因為「不夠成熟」而出現問題。

很多家長害怕孩子不住在家裡就會受餓，於是孩子即使長大了也不願意離開家。親子間變成互相綁架，因為家長不放心，或者說孩子為了不讓家長操心，於是選一個不是自己願意的大學或工作，只為了不要離家太遠。

父母無論如何都要有耐心，給孩子機會學習獨立。因為很多事情還是要孩子自己面對，包括挫敗經驗。我從小就讓韋齊面對別人的眼光及反應，我教她去說：「我是因為生病而截肢，不是意外，也不是被車碾到，更不是遇到火山爆發。」我鼓勵韋齊主動說明自己的狀況，讓別人不用猜疑，在學校也是如此。

關於「放手」，特教生遇到挫敗及犯錯時，父母還是要讓孩子自己去面對及成長。這不是一件說到就能做到的事，放手的過程中，父母難免擔心、心疼與不捨，不希望孩子遭受這些經驗。

如果特教生的家長，能夠讓不方便的孩子自我照顧、自我負責；那麼一般生的家長，更不應捨不得孩子受苦、受委屈而使孩子長不大。

韋齊媽媽分享：

家長要有一個概念，就是不要怕特教兒「心理受傷」，其實受傷就是他們成長的機會。例如談戀愛，在我們的眼裡，韋齊根本是被欺負的人。你如果覺得心疼，然後不讓她經歷，她就不會死心，一直犯同樣的錯誤。讓她經歷幾次錯誤，自然就會想通，就會自己走回正途。

韋齊犯錯的時候，對父母來說是一件很痛苦的經驗。可是不得不如此，因為這樣你才有機會放手。韋齊還有很多想法很天真，她把人都看成一張白紙、都是好人，實際上各式各樣的人都有。例如網路情人，韋齊也曾被騙過，我覺得早一點讓她經歷，之後的狀況會比較好。

實際上，學校老師的影響很大，如果導師的接受度夠高，韋齊在校就不會有問題。若導師自己不能接受特教生，絕對會受到很大的挫敗。老師不能接受是因為特教生會增加他們的負擔，也是這個班級的負擔。老師不見得會用配合的角度來幫助特教生，而會讓他們自動「隔離」。老師會告訴同學，你們不要讓他怎樣怎樣，好像特教生是一個怪物。

特教生的挫敗不僅來自本身障礙，也有外來障礙。郭媽覺得學校老師的影響很大，接受與不接受，特教孩子的命運就天差地別。但，老師一定不是故意的，可能並未覺察到自己的態度，並未同理到家長及特教生「被拒絕」的受傷心情。其實特教生不應也不需被「隔離」，大部分的活動都可跟同儕一起從事；老師甚至還應該特別鼓勵或設法讓特教生能參與活動，多與同儕相處。

韋齊媽媽回憶……

以畢業旅行來說，特教生的家長可以隨行，和孩子一起坐遊覽車。特教生大部分時間都跟著同學活動，只有睡覺時與父母在一起。校外教學的部分，因為特教班也會辦校外教學，所以我們大都跟著特教班走，一般班級的活動比較少參與。

特教組本身也會為特教生安排與一般孩子一樣的校外教學活動，只是稍微做一些修正，如無障礙的交通車。只要家長陪同，所有活動特教生都可以參加。如果沒有行動障礙，家長也不見得需要陪同。即使有行動障礙，萬一家長不能去，學校就會安排志工爸媽幫忙。所以，韋齊參加特教組舉辦的校外教學時，每次都很開心。

校外教學或畢業旅行，對於特教孩子來說，大都可以跟同學一起活動，只有少部分需要父母幫忙。所以父母隨行並不會影響特教孩子與同學的互動，這也是特教生家長特別辛苦及令人佩服的地方。

然而韋齊的求學經驗仍有不少挫敗，有時候她不想上學，郭媽就告訴她：「我不期待你讀得多好，只要你願意去學校就好。」郭媽說自己當初學佛法，也有退縮的心態啊！但只要得到師父一句很重要的話，能幫自己進步，就足夠了。進一步都好，不要退後，也不要停止。

只要有機會，就往前進一步，誰想要退一步？退步就什麼希望都沒有了。韋齊為什麼會拒絕學習？因為她沒有基礎，什麼都學不來。當一個人在學習上是挫敗的，就會拒絕學習、自我放棄。沒有自信心之後，就更不想學習。

這部分現在想來十分遺憾，如果特教生還可以學習，家長及老師就要多多溝通與合作，設法共同輔導學業。韋齊尤其害怕數學，如果有機會重來，該如何進行「補救教學」呢？

特教生一樣需要「自我實現」、「高峰經驗」，使受到打擊的自信心得以復原。韋齊重建自信的機會來自「中華民國截肢青少年輔健勵進會」（以下簡稱「截肢協會」），因為曾一士理事長的一通電話，改變了韋齊的命運。

韋齊媽媽回憶……

二〇〇七年，韋齊十三歲時，曾一士理事長主動來電，詢問韋齊是否願意參與每年一次在國父紀念館演出的「弦月之美——身障人士才藝大展」。這時韋齊剛好遇上同儕霸凌，正苦於無法超越心中的鬱悶。有了這個全新的體驗與難得的機會，瞬間她得到了人生目標與大步進展的機會。

第一次上臺，雖然思路還很雜亂，表演卻很精采。而且在數千人面前演出，韋齊卻沒有一點緊張或怯場。主持人劉銘先生訪問她時，發現韋齊非常「無厘頭」，根本答非所問，搞得全場大笑。也因此，韋齊成為各大報與電視新聞採訪的焦點，同時為「弦月之美」打響知名度！

此後，韋齊的自信在無形中增加不少，也獲得一連串的演出邀約。為了更多的表演和舞臺上的成就感，韋齊下了很多苦功夫。但無論多麼辛苦，膝蓋不知多麼疼痛甚至磨破流血，都擋不住她想要跳舞的心。她的堅毅、耐操及勇猛，源源不絕地湧現出來。

曾理事長主辦的「弦月之美——身障人士才藝大展」，二〇〇〇年時曾獲選為雪梨帕運表演節目的殊榮。不僅是世界第一，而且是世界唯一的帕運表演節目。

截肢協會在邀請韋齊之前，已有十年的演出經驗了。協會除了提供各類身障才藝的佼佼者演出平臺之外，更可貴的是還負責表演者的培訓工作（包括學費）。

曾理事長得知韋齊父母靠著做酥餅維持家計，非常不忍，就建議讓韋齊學個一技之長。既然韋齊喜歡跳舞、彈鋼琴，就由截肢協會聘請老師指導她。其中，紀麗娟老師教韋齊跳舞，時間更長達八年。

「弦月舞集」已成立二十多年了，由身障才藝人士現身說法，從事富有生命教育意義的公益演出。他們的理念是：「沒有聲音，一樣可以歌唱；沒有翅膀，一樣可以飛翔；沒有手腳，一樣可以跳舞。肢體雖有殘缺，生命依舊圓滿。滿月、弦月一樣美。」

韋齊在「弦月之美」演出成功之後，也跟隨協會到學校、監獄等地，進行生命教育的表演二〇一〇年，更與協會的「弦月舞集」團體一起前往上海的世界博覽會演出。不僅擴大了韋齊的眼界，也讓韋齊更加有名。

韋齊的成長過程中，有不少貴人幫上了忙。郭媽說，截肢協會是讓韋齊得到快樂的關鍵。曾理事長激勵她在表演時將殘障部位顯露出來，這樣就能建立自信。其實能走得上舞臺，就已經突破自己了。如果走不出去，就會習慣性地遮掩，也就是在心理層面上沒有真正跳脫，所以郭媽非常感謝截肢協會。

月亮不分圓缺，人也一樣，身體缺陷並不使每個人的美好減少半分。

韋齊媽媽分享：

當年校長要導師提名韋齊競選「總統教育獎」，但導師不願意，於是校長請生教組長幫忙申請。此時我內心的不平更為加深，但為了韋齊能順利從國中畢業，我只能以「低姿態」度過此關。

韋齊讀國中在校有狀況時，我多半找輔導老師協助或代為溝通。為了安撫韋齊，讓她不要想太多，加上還有「弦月之美」的表演，多少轉移了韋齊原本對同學情誼的期待。幸好，韋齊在校與資源班的同學互動良好，與輔導室的老師關係也不錯！

獲得總統教育獎之後，韋齊往藝術舞臺發展的動機更為強烈，常常請假出去表演、比賽，甚至參加全國身障鋼琴比賽得了第三名。

但是，獲得總統教育獎之後，接踵而至的並不是一帆風順。得獎無助於韋齊的升學，她的求學之路仍舊大起大落，令人忐忑不安。

韋齊媽媽回憶……

韋齊想往表演藝術發展，但身障生在升學的轉銜上並沒有給她讀這類科系的機會。為此只好天真地麻煩淑俐老師幫忙試試，尋找願意接受韋齊學習舞蹈的學校。

制度的僵化與各校對於舞蹈專業的堅持，以及學校考量到一般教師沒有能力教導特教生跳舞的事實，我們著實地被拒於門外。就連「總統教育獎」的得主也無濟於事，因為沒有先例，加上韋齊腦傷造成的智能不良，這件事我們呈請總統幫忙也都枉然。

後來，南強工商的校長主動伸出援手，但在就讀表演藝術科之後，韋齊還是孤單一人；無論練琴或表演，都是自己一個人。雖然能在自己的興趣上發展，但導師的更換頻率很高，甚至曾遭不良導師的威脅而不敢上課（直到老師被解聘才再入班）。

升學的屢屢挫敗、在校的友情缺乏，都沒有阻隔韋齊對跳舞的決心。於是，韋齊更專注於校外的舞臺演出，也更加耀眼。但韋齊的「光環」，卻與她背地裡的孤單、心酸成正比。她剛找回的自我，又再度迷失了。

韋齊媽媽回憶……

韋齊受到的打擊與日俱增，甚至演變成被霸凌的窘態與不堪。這造就韋齊性向的轉變，不在校園裡找朋友，進而走上身障團體的表演舞臺。因熱愛表演及受到歡迎而得到成就感，韋齊把內心的不平與委屈一股腦兒投向舞臺，展現自己不被困苦打趴的勇敢！

但韋齊因眾人寵愛於一身，漸漸養出傲慢的心，時時刻刻都要別人以她為中心，使得同儕看不慣她的行為而被孤立。成功就可以順利找到好朋友和男朋友嗎？可惜韋齊想像的世界和實際的人生，並不在同一條線上。她每一次放感情進去，都抵不過眼前有形的障礙。對方只要與她多交談幾次就會發現，她的障礙遠遠大於表象。

但失戀分開後，受傷的人總是韋齊（她太單純與不成熟）。最後只能走回避風港——家，重新出發，然後再受傷。

郭媽看出，韋齊的「驕慢的心」、「自我中心」，造成她被孤立的結果。其實韋齊不是故意的，因為她無法理解複雜的人際關係，只能以個人情緒的好惡來判斷，郭媽該怎麼幫韋齊逐漸自我調整呢？

03 加入「混障綜藝團」

韋齊參加「弦月之美」演出，認識了主持人劉銘先生，進而加入「混障綜藝團」。她將自己在截肢協會學到的舞蹈技巧充分展現，不僅是做善事，也是一份不錯的工作。

二〇〇四年，劉銘成立跨越多重障礙的「混障綜藝團」，所有演出者都是身障人士，他們堅持要求自己一定要做到完美。演出形式包括歌唱、樂團、默劇、輪標舞和特技等，也讓觀眾看到他們樂觀開朗的正面態度。劉銘說，透過這種表現感動觀眾，讓障礙者從社會的負擔變成社會的資產，每年能演出一百多場。

混障綜藝團最常表演的地方是學校，最初他們以演講為主，但學生總無法專心，達不到生命教育的目的。後來改用詼諧幽默的表演，終於獲得學生感動的掌聲。韋齊參加混障綜藝團的表演，常有機會與弱勢學童互動，她心疼他們經常面臨吃不飽的情況，因此也希望貢獻一己之力回饋社會。

韋齊十四歲時認識劉銘團長，之後經常與團員一起表演，包括出國演出，大家都有了相當的認識與情感。

劉銘分享：

我對韋齊及其他團員的要求都一樣，表演時父母不得隨行。我跟她的父母說：「除非你們能保證自己活得比韋齊長，否則韋齊該如何獨立呢？所以，越早放手越好。」

我自己九歲時就被家裡送去廣慈博愛院，從此學會了獨立。然而郭爸郭媽可能把韋齊保護得太好了，若不拿掉保護傘，反而使韋齊更容易與父母發生衝突。父母可能是擔心韋齊癲癇發作，也可能對孩子的愧疚感太深，以致對韋齊有求必應。

韋齊最初參加「弦月之美」表演時，還不善於口語表達，所以我教她怎麼表達，但她也不能說得太多。現在她有不少生命教育演說的機會，更要加強口語表達的技巧。我開設這類免費課程，她可以來學習與深究。真正好的演講，是別人邀請你一次，還會再邀第二、第三、第四次。即使沒有經費預算，他們仍然願意出錢請你演講。

韋齊的未來可以朝舞蹈、繪畫、生命教育演講三方面同時發展，但重點是需再學習以提升「質感」。韋齊的想法與別人不同，這已具備藝術特質，只要多自我充實，將來一定會成功。

韋齊還要注意「不要太依賴光環」，對於演講場次、媒體寵愛、混障演出，都要有更多的自我覺察。有時受挫經驗是件好事，也是最好的學習。臺灣有一百多萬名殘障人士，都要靠自己走出來，努力成為專業人士。我常說：「只有表演成績，沒有同情分數」，一定要讓自己更有競爭力。

殘障可能是人生開始時失去的籌碼，但人生是場馬拉松，後面還可以把籌碼賺回來，例如霍金（Stephen Hawking）、劉俠、郝明義、草間彌生等身心障礙界的金牌得主。總之要記得：「影響力第一，名利第二。」

跟隨劉銘團長的提攜，使韋齊越來越成長。

王蜀蕎、楊采蓉兩位大姐姐，不僅是與韋齊的跳舞組合，還陪韋齊登上玉山。他們對韋齊的期許絕對是真心善意，要特別珍惜。

王蜀蕎分享：

我和采蓉與韋齊共同經歷許多事，除了一起在「混障綜藝團」跳舞，我們也陪她一起爬玉山，親自見證她爬上臺灣第一高峰，這的確很不容易。

多年來我們在「混障」一起練舞，所以相處時間很長。一直以來與韋齊的舞蹈合作，我始終站在母親視角照看著她，除了協助韋齊打造綜藝舞蹈，量身訂做獨特造型，甚至在外地巡演時的生活起居，都像是媽媽照顧女兒一般。

二〇一七年，〈玄機〉一舞的造型，運用我們的殘肢當作畫筆在服裝上彩繪，排練近一年，尚無機會展示，然而韋齊因個人巡迴畫展，決定暫停合體。二〇一八年錄製大愛電視「圓夢心舞臺」節目最終場，韋齊因為不悅我的敦促而拒接電話，搞得節目製作團隊人仰馬翻，為了節目能順利完成，考量韋齊的身障程度異於常人，我選擇讓步。同年不久，韋齊忙著世界和平會的全省巡迴畫展，與「混障」有些疏遠，隔了很久的時間，我們都沒有與韋齊合作。

沒有再找韋齊一起跳舞，是因為希望她能自己思考，是否某些態度已經影響到人際關係了？例如別人幫她時，應有什麼回報？並不是指物質，而是應能理解別人對她的關心，同時也希望她學著關心別人。後來，我們一起去新竹表演，又拉回了從前的感動，才決定再合作，創造共同的生命力。

二〇一九年初，韋齊結束個人巡迴畫展，看到蕎藝思舞集又有新舞作，急著想和我們再繼續跳舞，溝通過程中大哭大鬧，甚至尋求有力人士來當說客。我們把握這個狀況，在群組上和她、郭媽媽長篇對話，希望能解決長期以來的溝通問題；不難看出彼此立場的對峙。我和采蓉字字鏗鏘地表示理解特教家庭的艱辛，但共同經歷許多事情後，發現我們的協助仍舊是單向的付出。慶幸那一夜的傳字溝通試圓滿祝福的結果，現在，我們和韋齊也都是非常好的朋友。

我們知道韋齊不喜歡別人用嚴肅的態度說教，但因為我們與韋齊就像是一家人一般，還是希望提醒韋齊要懂得別人的用心良苦。有時遇到不喜歡的是，或想拒絕別人的建議時，「溝通」是比「消失」更好的做法。這些做人的道理，要真正「入心」才行。

旁人都對她說好聽的話，我們的單刀直入最不討她歡心，但我們在「混障」合作了這麼久，彼此都是重要的夥伴，且多年來也累積了不少經驗，走到這個階段若還在舞臺上花拳繡腿，豈不枉費生命賦予我們的特殊使命？

父母要陪伴，但也要放手，讓韋齊的「心」能夠長大。希望韋齊不要受到一點點挫折，就到處訴苦，碰壁時也要學會自我反省與調整，不能只聽自己想聽的話，堅持自己想要的目標，卻不能委曲求全、退而求其次、聽進忠言。父母要讓她學習獨立，不應都要別人為她負責。工作態度及人際關係是進入社會後最重要的事，一定要特別注意。

我們都知道，除了表演，還要開發第二及第三專長，希望韋齊也能為自己的長遠未來做打算，繼續及深入學習，也要注意身體健康，尤其是關節的部分。

「忠言逆耳」，這番重話乍聽的確很難入耳，何況入心？但是，我們想時候還有父母師長的叮嚀與循循善誘，長大成人後，還有幾個人會跟我們說真話？

04 自我挑戰——大三鐵

韋齊好不容易建立的自信心，其實仍搖搖欲墜，大家都還不能安心。

韋齊在二〇〇八年獲得總統教育獎，二〇一五年獲十大傑出青年獎，這其中有哪些大功臣？苗栗縣生命線協會理事長陳宗聖先生說，那時他想幫一位身障且面臨生活危機的好友度過難關、振作起來，所以打造了一個表演舞臺，邀請其他身障者一起演出，因而認識了韋齊（當時她還未滿二十歲）。

陳理事長覺得與韋齊頗為投緣，因為韋齊很信任他，韋齊覺得他能讓她安心。為了讓她的精神被更多人看見，陳理事長在自己的工作場合及活動，安排韋齊演出或做生命教育的演講。陳理事長認為，這不僅是在幫別人，同時也在幫助韋齊。

陳理事長告訴韋齊：「壓力是動力的來源，明白是勇氣的根源。」所以還鼓勵她從事戶外挑戰，讓她的身體及生命故事能幫助別人走出來。陳理事長發現韋齊的渲染力很強，自己願意扮演她的良師益友，要她更謙卑、更精進。因為太多讚賞常讓人忘了自己，所以陳理事長有時不得不跟她說重話。例如在感情方面，你在交往的不是一個人，而是一家人。其他如人際關係、工作態度方面，韋齊需要改進的地方還很多。雖然韋齊有時聽了會很傷心，但這總比以後站不起來要來得好。

陳理事長說，剛認識韋齊的時候，她的父母有些灰心，因為參與若干選拔都落空，所以我鼓勵他們讓韋齊參加十大傑出青年選拔。不管是否選上，還是要腳踏實地一步步走下去。若能成為十傑，對社會的感染力更強。

韋齊父母帶來兩大箱資料，陳理事長將它們彙整成一冊精裝本，描述原本自卑的韋齊加入截肢協會後，開始站上舞臺、變得樂觀。隨著混障綜藝團到監獄、看守所與學校進行生命教育演出，更和綜藝團的兩位成員一起成功登上玉山。

韋齊在二〇一五年獲得第五十三屆「兒童、性別及人權關懷類」傑出青年，其他類別還有：科技及技術研究發展、企業創業及經濟發展、社會服務、體育技藝、文化及藝術、公共行政、農漁環保、醫學研究、基層勞教、華裔青年特別獎等。那一年的得獎者還有蕭敬騰。

二〇一五年，韋齊榮獲十大傑出青年。

陳理事長勉勵她，當選十傑後，要更加了解自己。韋齊成長的過程雖然崎嶇，智商在病後幾乎歸零，重新建立不僅困難，就算完全成功，智商也不過才十五歲。要以十五歲的心智承擔二十五歲的責任，是相當不容易的。

韋齊的突破、超越、自我證明，如同海軍陸戰隊走過「天堂路」。這並非逞一時的匹夫之勇，她擁有最佳教練——吳佳穎老師，韋齊稱呼他「小黑哥哥」。小黑哥哥說，認識韋齊是因為她來聽他的演講。聽到韋齊訴說自己的挫折，雖然想讀大學卻沒有人要收她，感傷自己為何無法跟別人一樣時，她問：「我是否可以從事戶外挑戰？」

小黑決定試試，二〇一三年時帶韋齊去爬雪山，這也是他第一次帶領身障者及其家人爬山。他發現身體不方便的人很依賴家人，彼此的黏著度很高。小黑也看到身障者家人的擔心，因為父母遲早要離開，身障兒日後由誰來照顧？

韋齊媽媽回憶……

韋齊的個性是越不行的事物，她越要了解、超越它。她用膝蓋直接跪在地上代替腳掌跳舞，她倚賴手肘仔細調整角度按下琴鍵。她靠著比別人多好幾倍的練習次數與時間，才能不被肢體束縛，在舞臺上展現強韌的生命力。

沒有腳就要去爬高山──雪山、玉山，沒有手就要去彈鋼琴、學畫畫，沒有手腳還是可以游泳、渡日月潭、跑馬拉松、騎單車環島、飛行傘體驗等，所有的挑戰，我們幾乎都全程陪同、一起行動。

她為什麼要自我挑戰？為的是給大家一個正向的能量。雖然她有很多地方受限，可是只要有一顆「不設限的心」，什麼事都可能完成。

爬雪山時，因為天氣不好，爬到東峰即須下山。韋齊雖然很想挑戰攻頂，但小黑覺得她還未準備好。因為，山很陡，很辛苦，而且爬山主要得靠自己，實力不能只靠表面的堅強撐得起來。韋齊很在意自己雪山未能攻頂，所以一年後，當她去彰化表演時，就約了住在南投的小黑哥哥來看表演，並主動提出一起爬玉山。此時她的心態已經準備好，小黑也覺得自己比較有經驗了。

韋齊另外還約了混障綜藝團的蜀蕎與采蓉兩位大姊姊一起爬山，後來她們分享了許多身障之後的心路歷程，讓小黑更加了解身障者的處境。

有了夥伴的協助，韋齊成功登上雪山東峰。

郭家父母看到韋齊「堅持」完成一件事的決心，即使他們以前沒爬過高山，為了女兒，也願意付出一切。對郭媽來說，雪山是她第一次的「大挑戰」；這份大膽也開啟了郭媽的勇氣，陪伴韋齊一起不斷挑戰！

韋齊媽媽回憶……

二〇一四年（韋齊二十一歲），在成功登上玉山主峰的那一刻，韋齊口中銜著外公的遺照（風太大，手肘夾不住），含淚告訴外公：「沒手沒腳，也能看得更高更遠！」

爬玉山時，韋齊拉著鐵鍊，在志工的攙扶下，每走一步都是煎熬。腳踩三公斤重的義肢，在滿是碎石的斜坡上，不但身體搖搖晃晃，體力更是到達極限。義肢一移動，兩截大腿就跟著破皮流血，只能不斷纏緊繃帶，繼續往上爬。

從白天走到晚上，最後的一公里最為難熬，只能沿著巨石攀爬，但韋齊說什麼都不肯放棄。既然被稱為「臺灣的力克．胡哲」[6]，她一定要靠自己的意志力登上玉山。

二〇一五年（韋齊二十二歲），為了緬懷曾任警察的已故外公，韋齊決定展開「單車環島為波麗士大人傳愛」活動，她騎遍了全臺灣的警察局、派出所，向警察致敬。第十七天，她沿著濱海公路從宜蘭騎往基隆時，一口氣征服了長達九十公里的道路。第十八天終於抵達臺北，為這趟旅程畫下完美的句點。

韋齊的堅毅精神感動許多人，沿途都有粉絲替她加油打氣。各地警察也很佩服她的努力及樂觀，全程幫忙保護她的安全。她也和警政署長陳國恩相見，並相約一起參加「二〇一六萬金石馬拉松」，再度為警察而跑。

二〇一六年九月四日（韋齊二十四歲），一年一度的日月潭萬人泳渡活動，共有兩萬多名泳客挑戰。韋齊花了近三個半小時奮力游完全程，再度為生命寫下奇蹟。二〇一七（韋齊二十四歲），韋齊完成飛行傘的挑

[6] 力克．胡哲（Nick Vujicic）是塞爾維亞裔澳大利亞作家、基督教布道家、男演員，出生時患有先天性四肢切斷症，沒有完全形成四肢。二〇〇五年創立非營利組織"Life Without Limbs"，從事公益活動；二〇〇七年創立"Attitude is Altitude"勵志演講公司，並在全世界演講無數。

義肢磨破了大腿兩側，再疼痛也要撐下去！

戰。一般人都覺得有相當難度的事，但有嚴重身體缺陷的韋齊卻不畏懼，以行動證明「天下無難事，只怕有心人」。

騎單車環島不僅是耐力考驗，更需要許多朋友幫忙。玉山攻頂及單車環島的挑戰，更是拍成了紀錄片《騎跡》。

帶領登山挑戰的小黑教練說，韋齊的魅力讓人想要親近及報導，但他也提醒韋齊：小心有了「光環」之後，隨之產生的大頭症。光環只是一時，要盡量簡單化。在這些挑戰中，騎單車不是最難的，反而是與民眾、媒體的互動更為重要。韋齊還要學習的是，了解別人付出的背後有何期待（不一定是不好的企圖）？

韋齊的社會經驗不足，不太懂得拒絕。小黑常教她如何與長官互動，或與給她很多資源的大人們如何適當地應對。學習人際互動的技巧，可以保護自己及對方，使「給予」與「接受」之間形成健康的人際關係。後來韋齊挑戰泳渡日月潭，又有另一位大哥幫了大忙。

小黑發現，郭爸是個柔軟的男人，因此能在女兒的重大災難中撐下去。郭爸樂於扮演照顧者的角色，但這會讓韋齊過於依賴，可能寵壞孩子。韋齊的行動多半靠父親開車接送，但父母到底還能載多久？

每當郭媽想放手，韋齊就跑到郭爸那兒，所以韋齊仍然無法獨立，父母也因此失去自己的生活。在家中，郭媽扮演著建立規範的人，所以會被韋齊討厭，但這對郭媽也不太公平。

小黑與韋齊一家人，有如患難之交，所以他殷殷叮嚀：韋齊晚上不睡覺，早上起不來，所以上午的演講不願接，這不是辦法；這部分韋齊聽懂也改進了。

如何讓韋齊的收入穩定？如何將演講、跳舞的生計維持下去？畫畫至少要再撐五年才能成畫家。還要小心媒體報導的負面效應，因為韋齊的腦傷造成進退應對的表現不如同齡，這些都還有待加強。雖然小黑不再鼓勵韋齊從事戶外挑戰，但郭家父母仍很高興透過這些挑戰，讓韋齊更懂得照顧自己、自我負責。

韋齊媽媽回憶……

我們去挑戰玉山時，韋齊忘了帶癲癇藥，搞得人仰馬翻，只好開一、兩個小時的車到山下看醫生及拿藥，因為沒有藥單不行領藥，還好弟弟東昇在家，可以把藥袋照給醫師看，否則大家就要打道回府了。

為什麼已經在山上才發現她的藥沒帶？因為這部分是由她自己準備的。她沒準備好這件事，讓我深切體會到，就是因為家長把小孩照顧得太周到，才使孩子越來越愚笨，喪失應有的警覺心。這樣的可怕後果是：若不在他身邊，就可能出狀況。

即使是一般孩子，我也建議家長讓他們自己做該做的事。特殊孩子則更要讓他們多多自己來，因為他們會發生更多攸關人命的事。如果父母太習慣幫他準備，關鍵時刻就會出大事。

父母幫孩子做得太多，剝奪孩子學習的機會。以前的父母為什麼比較放心讓孩子獨立？是因為沒時間照顧孩子。吃飯都有問題了，怎麼可能照顧你？這樣反而創造許多讓孩子學習獨立的機會，什麼事都需要自己訓練自己。

去玉山之前，韋齊在整理東西時，將癲癇藥物拿出來卻忘了放回去。大家在高速公路休息站吃中餐時，突然，韋齊手中的湯匙飛了出去，郭媽立刻問韋齊：「吃癲癇藥了沒有？」郭爸開始翻包包，翻箱倒櫃都找不到。只好開車前往「秀傳醫院」，請醫師開癲癇藥物。但醫師需要英文名稱，還好弟弟在家，直接翻拍藥袋給郭媽，才順利拿到藥，不然「玉山」行程就要取消了。這次的經驗，讓韋齊印象深刻，也是很好的教訓與學習。

接著，韋齊挑戰單車環島為警察打氣，主要的起始點，是因為外公。

韋齊媽媽回憶……

外公在韋齊出事後不久，也跟著病倒了。住安養中心的時候，我們會帶韋齊去看他。在外公走前的那一次，剛好韋齊沒有爬樓梯上去看外公，這讓她非常遺憾。

為了讓外公在天之靈能夠放心，證明自己已經不用讓他擔心，韋齊堅持完成騎腳踏車環島的挑戰，為警察打氣。因為外公生前是警察，非常辛苦，都在外面跑。警政署長也配合她，讓她又完成一個很大的心願。韋齊鼓勵警察，警察也來鼓勵韋齊，這是一次很成功的活動，新聞報導也很多。後來她又挑戰飛行傘（向國軍致敬），因為她很害怕，我就幫她壯膽，陪她一起參與挑戰。

單車環島的難度很高，即使正常人都不免膽怯，韋齊害怕嗎？對韋齊來說，印象最深刻的地方是什麼？

有夥伴的扶持，再艱難的挑戰都有勇氣面對。

韋齊回憶……

單車環島的計畫，起初只是陪平溪國中的學生一起畢業旅行，從臺北騎單車到臺中后里，我在後面壓車。後來大家認為，我都可以騎到臺中了，單車環島一定沒問題。

印象最深刻的地方是，第一天騎往桃園龜山時，因為風勢強勁、腳踏車無法控制，我整個人和車子一起翻覆，手臂擦傷。剛好已經騎到桃園分局了，就順便問分局長有否「小護士藥膏」？沒想到分局長竟然報案，請隔壁的救護車來為我消毒。

讓我累翻的是，騎在北部濱海公路九十公里的道路上，我的生理期剛好來，累得毫無力氣，當時又下著傾盆暴雨。天氣濕冷、視線不佳，砂石車又多，真是靠著意志力強撐，才終於完成環島壯舉。

新莊分局秘書室的主任許春忠警官與韋齊很熟，因為韋齊的家住在附近，她常去找他們聊天（因為外公的關係，韋齊看到警察就覺得分外親切）。許警官看到韋齊能走到今天這一步，一直保持樂觀，覺得真不容易。

他覺得，韋齊很有自己的想法與創意，例如以騎單車環島來「為警察打氣」；

使得低迷的警察士氣與警察形象，均得以提升。這樣做對整體社會氛圍的改善也是好事。但許春忠警官也觀察到，韋齊的個性不服輸、自我要求很高，又過於敏感。所以人際關係方面，他建議韋齊不要太直接及快速，要慢慢的從「點」到「線」再到「面」。

許警官覺得我們可從韋齊身上學到很多，但他希望韋齊注意身體健康，才能面對人生的各種挑戰。他希望韋齊將自己經歷過的挑戰都畫出來，讓生命光彩發揮得淋漓盡致。郭媽說，經過這些挑戰，韋齊慢慢走向獨立，可以自己出遊或單獨留在家裡過夜了。在陪韋齊參加這些戶外挑戰之後，意外地發現身體變好了。騎車環島的最大收穫是，有了一臺可以伴隨她前行的腳踏車。

韋齊媽媽回憶……

最初，若沒有人需要「被幫助」，想助人的，也動不起來。所以不用覺得「被幫助」是件丟臉的事，應該說這只是暫時的，總有一天受助者也可以成為助人者。有這樣的目標，就不會覺得眼前的痛苦走不出來，反而能激勵你，讓自己的人生更精彩，然後你就可能學習從前不曾想要學的東西。

燦爛笑容背後，要靠著強大的意志力支撐。

韋齊主動參與這些挑戰的價值是什麼？是為了告訴大家「不要設限」。一般人覺得「沒手沒腳」不可能做到這些事，但韋齊卻能爬上玉山、游過日月潭、騎單車環島、在天上翱翔。當我們不為自己「設限」，就可以「無限寬廣」。當父母不限制孩子，孩子就會給你不一樣的回饋。

經歷那些挑戰之後，韋齊明顯地成長了。她知道自己沒有那麼脆弱，一樣可以當強者。雖然很多人覺得她是弱者，因為她的腦袋不好、四肢不方便，還有癲癇，這些都讓人「走不出去」。癲癇隨時可能發作，這已經把她圈住了。四肢不方便，造成她搭乘捷運與公車的阻礙（公車開太快、捷運扶手不足）。腦傷影響她的思維能力，讓她無法周延思考。

但，所有圈住她的事情，沒有一件能真正把她框住。韋齊所做的事情，都是跳出框外的事。雖然她有那麼多的限制，可是她卻能達到讓人意想不到的成果。

現在這個社會希望大家都有創意，但若你是框框裡的人，怎麼可能有創意？一定要跳出框架，才可能在這個社會擁有競爭力。所以我始終不擔心韋齊，因為她是在框架外長大的人；她呈現出來的東西，都有意想不到的獨特。

這些戶外挑戰是自發的，所以韋齊不會放棄，更加散發自我的生命價值。郭媽發現，無論嬰兒至老人，韋齊都能與他們開心暢。她很愛關懷「弱者」。雖然面對太過相似的患者，易引發她的內在傷痛，有時韋齊也會想逃避。

因為韋齊的突破，其他身心障礙者也想做這些挑戰。所以當時帶領韋齊挑戰的吳佳穎教練（小黑），後來也帶瑪麗亞基金會的身障人士去環島。帶領韋齊的經驗，使他們的工作範圍更加寬廣了，不只是帶一般人運動、挑戰。

最重要的概念就是「不設限」，什麼事都可以做，只是你有沒有找到方法，找到了就可以嘗試每個挑戰。當然這需要很多前置作業，也就是行前訓練。先做一些小挑戰，再來計畫大挑戰。

準備工作很多，要找到類似的環境來訓練，例如以花費時間較少或高度較低的山來訓練。先找出所有可能發生的問題一一解決，大挑戰時就不怕出狀況了。否則，屆時「叫天天不應，叫地地不靈」，非常危險。

吳佳穎、顧明翰兩人為幫助韋齊爬上玉山，花了很多時間準備。因為郭媽很清楚自己小孩的狀況，知道要找什麼類似的環境給她練習。更重要的是要相信帶領你的人，才可以真正達到目標。所有挑戰大家都做了很多功課，無論時間、地形、人員、還有韋齊自身的用藥和外傷的防護（韋齊即使受傷也不放棄）。郭家爸媽自己則

吳佳穎教練帶領韋齊從事各種戶外挑戰，助人者不僅僅是身體上的承擔，更是心理上的承擔者。

要注重養生及培養體力，成為最佳軍師，才能承接韋齊的情緒和需求，不成為團隊的絆腳石。

05 自我挑戰——巡迴畫展

二〇一八年（韋齊二十五歲），韋齊又實現另一個願望，在生日前夕舉辦個人首場成長畫展。韋齊拿出四十三幅作品作為公益慈善義賣，部分所得捐給世界和平會「搶救受飢兒」的活動。

韋齊學習繪畫已經十多年了，透過繪畫而認識自己、走出自卑，展現生活的熱情。題材以童年、家人互動和生活經歷為主，她畫阿公阿嬤牽著她的手，畫自己玉山攻頂，還有爸爸老家三合院，以及截肢舞團團員的合影等。

媽媽鼓勵她多做對社會有益的事，所以繪畫的題材也多了普度眾生的「地藏王菩薩」、開智慧的「文殊菩薩」。未來她還要挑戰畫「千手觀音」，韋齊說：「我沒手，而祂手多，所以才要挑戰。」

韋齊媽媽回憶……

以前帶韋齊畫畫的老師，現在沒有繼續帶著她創作了，因為韋齊已經發展出自己的風格。老師說她應該去學水墨，那是老師的專業考量，其實非專業的人反而沒有侷限，更能創造專業人士不敢做或無法突破的事，可稱為「創造紀錄」吧！

韋齊是一個紀錄的創始者，後面可能有越來越多人，跟著做這樣的挑戰。她是一個指標，從中可以了解很多別人注意不到的問題。使大家相信身心障礙者也能提升及展現各種能力，端看你怎麼帶領。

韋齊熱愛繪畫，外出表演或演講之外，大都待在老師的畫室裡，從下午畫到深夜，從不嫌累或不耐煩。平均一幅畫，要畫二至三周才能完成。她說：「比較大的挑戰是我只能用（手腕的）骨頭握筆，握久了很痛。」

當韋齊想在二十五歲生日舉辦「成長畫展」時，卻找不到畫室；世界和平會看到了她的困境，於是提供臺北辦公室的空間給她畫畫，並協助她辦理全省巡迴畫展（第一次全省巡迴共十二場）。

二〇一八年，在世界和平會主席吳錫銘的幫助下舉辦畫展。

世界和平會的創會主席吳錫銘表示，狹義上，他是因為看到韋齊外出表演太辛苦，所以想要幫助她成為畫家，不再四處奔波。廣義上，他更希望韋齊能成為社會典範，讓大家學習她的精神。而且不只在臺灣，他要將她的畫作及精神、光明面推廣到全世界。三年後，打算帶她去日本發展。

韋齊還年輕，繪畫技巧當然有必要加強，使自己的接觸面更廣。她的疾病傷到腦部，影響到思考的廣度與深度。但這部分吳錫銘先生並不擔心，他相信可以改善，而且韋齊的狀況的確已改善很多。所以，吳主席認為要「慢慢來」，韋齊能學會更多事情。不僅是繪畫方面，也包括人際關係及愛情的處理。世界和平會就是她的心理輔導顧問，大家都常規勸及教導她如何更了解別人的感受，以及感情不能太著急或勉強等等。

吳主席對韋齊十分賞識、寬容與付出，對韋齊而言，也是一份重責大任。目前，韋齊又進畫室準備畫作了，韋齊希望能展開第二次的畫展，我們拭目以待。

06 身障兒家長的挑戰——情緒管理

二十年前，當韋齊重病時，有一項該想到卻被忽略的懸缺要事——全家人的心理創傷治療，遲遲沒有進行。

韋齊住院期間，媽媽爆瘦了七公斤。一般人認為是累壞了，但其實更可能是壓力與憂鬱造成的心理創傷。郭媽、郭爸、弟弟以及腦傷的韋齊，當時若能得到應有的「心理治療」，如今的狀況一定會更好一些。

當年心理治療的觀念及制度尚不普及，我國的《心理師法》於二〇〇一年才公布，比韋齊發病的時間還晚一年。因為心理治療專業人力的不足，做不到對重症病患及家屬「心靈修補與復健」。醫院只醫治看得到的「病」，把悲傷情緒視為「正常」。然而，這個「狀態」卻如惡魔般，入侵與持續折磨病患及其重要他人。

韋齊媽媽回憶……

家有身心障礙兒，在我們家的經驗來看，最重要的恐怕是先處理父母的「情緒問題」。例如韋齊時常賴床，醒了卻不想上學，有一次，我怎麼都叫不動她，我的情緒失控了，氣得用力掐住她的脖子。最後，我們母女倆一起坐在床上大哭。

後來，有個很聰明的人問我：「你是不是有打小孩？」在他之前，就有人提醒我「不要打小孩」，但當時的我就是做不到。這位聰明人幫我在家裡安了一個神位，讓我的情緒有個出口，他認為有個宗教信仰可能比較好。之後有事情解決不了或韋齊想要找答案時，韋齊也會自己去神位前問一問，一直到十七歲，她都是這麼做。

情緒失控造成的傷害很可怕，當下大家都很「鐵齒」，覺得自己有能力應付這些事情，實際上一不小心就會陷入情緒的渾沌當中。情緒控制不好，若沒有人在旁邊及時勸阻會很危險，那時我們剛好都長時間在家中，夫妻之間的磨擦，或與韋齊的摩擦就更多。

許多事情對普通的我們來說都太困難，焦頭爛額地忙著應付生活，還沒有心力去尋求解決方法。每一件事情一定都有方法可以處理，只是情緒跟理智難以平衡，很難將情緒控制在安全的範圍內。

如何讓情緒不失控？方法很多，找心理師、宗教信仰、向可信賴的人請教、家人互相溝通等。以我們的經驗來說，找到情緒失控的真正原因是最重要的，然而實際上是不是有耐心去找到答案，就很難說。

我覺得我們算是幸運的，照顧韋齊的這段過程中沒有出什麼大問題。其實就算「出狀況」也不意外，因為最難的是「心的救護」。其實，那次情緒失控掐住韋齊脖子後，我曾打電話給淑俐老師求助，那時的我精神已十分緊繃：「我受不了了，女兒怎麼叫都叫不起床，妳給了我很多建議，可是我用了每個方法，都沒有用。」

淑俐老師教我一個很明確的分辨方式：「對你有幫助的方法就使用，沒有幫助的方法就刪除。」聽了淑俐老師的建議，在那以後，我處理韋齊的事情就特別小心，取捨的能力也相對提升了。不會再有模糊地帶，不讓自己處在舉棋不定的茫然中，因此也較能掌握自己的情緒。

郭媽媽打電話給我時，就是女兒叫不起床，她情緒失控而掐住女兒脖子的那天。當時我給她的建議是根據「焦點解決短期治療法」[7]：有效的方法就使用，沒有效的方法就停止。判斷的準則就是有沒有效用？既然沒有效，為什麼還要重複使用？但，很多人會因「執著」而無法變通。短期焦點解決治療法可以幫助我們更有系統地解決問題，基本假設如下：

1. 正面、朝向未來、解決問題的目標，能促成改變的發生。
2. 尋找問題不發生時的「例外」情況，看到自己的資源及能力。
3. 沒有一件事是永遠相同的，任一時刻的改變都在發生。
4. 小改變能累積成大改變。
5. 自己是自身問題的專家，自己最清楚自己的問題和適合自己的解決方法。
6. 家庭是個整體，任何一人的改變都會引發其他成員的改變。

這個治療法鼓勵大家表現積極及有效的行為，成功的經驗是改善生活的借鏡。即使過往有效的方法也不要一直套用，因為問題的本質會改變。當採取的方法未能改善問題時即須盡快放棄，改用其他方法。

[7] 焦點解決短期治療法 (solution-focused brief therapy, SFBT) 是 1980 年代美國興起的短期心理治療學派的重要形式之一，由於它可以在短期訓練課程內，學習如何使用的簡單方法，深受美國、歐洲及世界各地心理治療師（諮商師）的重視。

郭媽媽提到「找到情緒失控的真正原因」，而不只是表面、暫時性地控制住情緒。這點的確非常重要，也是接受心理輔導或自我心理輔導時，最有價值的地方。

韋齊媽媽回憶……

家有身心障礙的孩子，家長的脾氣容易急躁，但家長往往沒有仔細思考「為什麼那麼容易發脾氣？」

一個孩子受傷，全家人都跟著受傷。還來不及修復關係時，又必須繼續往前走、繼續生活。帶著傷走，當下對彼此都有怨懟，然後可能對其他家人情緒發洩，形成很大的溝通障礙。

你想要達到的目標，會因為不必要的負面情緒而什麼都做不好，然後又惡性循環，使大家日復一日的心情不好。這也是我最近才悟出來的道理，以前我認為自己已經非常努力在幫孩子、在教她了，想不通為什麼最後的結果都不好？現在知道是因為我根本沒有接受孩子現在的樣子，我只希望她在我的標準裡，達到「我」想要的樣子。

如果你常常發脾氣，就要好好思考這個脾氣的主要來源是什麼？不發脾氣就不能解決問題嗎？你設定的目標對孩子而言，是不是太過嚴苛？這個目標是孩子想要的嗎？

韋齊病後初期因為腦傷而顯得「笨笨的」，所以我不會用上述方式去思考或要求，只要她快樂就好，能過一天算一天，那時候爸爸會很寵她，也是這個原因。

最初，我們都認為快樂活著就好，只要韋齊開心，我們做什麼都願意。但那並不是我們的真心，之後，我們不免「得寸進尺」，對她的要求日漸嚴苛。

身心障礙的孩子要處理的事情很多，家人因為疲憊，更容易發脾氣。但如果大家都對彼此情緒宣洩、遷怒，傷口只會越來越大，使每個人都變成「麻煩製造者」。

韋齊媽媽認為，她的情緒失控來源是：「沒有真正接受韋齊現在的樣子，還幻想著韋齊成為她心目中想要的樣子。」其實，如今韋齊的表現比母親的期待好更多，郭家應該感到無比驕傲。

韋齊剛清醒的時候，大家都能「知足常樂」（因為真的沒辦法對韋齊有任何要求）。但當韋齊慢慢好轉，復健得越好，相對就要求得越多，自然也就越來越不快樂。

韋齊媽媽回憶……

不管是什麼宗教，很多都談到控制憤怒的方法。大小乘佛教中，都有「忍辱」[8]（Ksanti）的概念，簡單地說，「忍辱」就是不能生氣，不管今天你面對的是什麼樣的環境，就是「不可以生氣」，連「不高興」都不行，更不用說對人家發脾氣。

要做到完全不會生氣，才叫「忍辱」。

你一定是先做到不會不高興，才有餘力去愛人。先要能自我把持，如果自己還在負面情緒當中，都不愛自己了，怎麼去愛別人？

佛教比較強調自我調整，先了解自己當下處在什麼樣的情緒狀態，面對痛苦時是什麼心態。如果這些你都很清楚，才有能力去愛別人。如果不認識自己，就不可能真正愛別人。

[8] 世俗的忍辱與佛教的忍辱本質不同。世俗的忍辱往往是建立在對某事、某物、某人不贊成的基礎上，由於沒有能力抗衡，或出於某種顧忌或觀念，不得已選擇退讓，往往是消極的，會在人的心靈上產生痛苦。佛教的忍辱觀，則是建立在對佛陀所覺悟真理的認同基礎上，對一切事、一切人都平等地對待，因此是積極的、發自內心、不懷惡意的，使人得到現行安樂，也可以引發未來安樂。

郭媽認為不快樂、不高興，就是不愛自己。連自己都不愛了，如何能愛人？不只是有身心障礙孩子的家庭，這句話是否也提醒了你我：「我們是否正處於不愛自己的狀態，甚至已經不愛自己很久了？」

要如何「忍辱」？如何自我把持？當別人嘲笑或歧視我們時，如何先做到沒有不高興、不生氣、不傷心呢？

郭媽要如何教導女兒，一起來修行「忍辱」這門學問呢？

韋齊媽媽回憶……

韋齊曾覺得被人家嘲笑很痛苦，那時我跟韋齊說：「人家笑你很正常啊！事實上你就是斷手斷腳，人家說的話沒有錯啊！為什麼媽媽講你斷手斷腳，你就不覺得那個話很難聽，可是別人跟你講，你就覺得很難受？那就是你自己的感覺和想法。」

我的想法是，別人講這些話沒問題，只是你要不要在意而已。如果你不在意，不讓他人的閒語影響自己，是不是會比較快樂呢？既然會比較快樂，那為什麼還要在意呢？我會留一些空間讓韋齊自己思考：「在聽到他人的閒語時，要自己判斷這些話到底『有傷』還是『無傷』？」

所以，不管孩子的智能狀況如何，我還是建議家長，要先面對自己孩子的特殊狀況，並跟孩子談他的狀況，可能遭遇到什麼不公平的對待。同時讓孩子自己想想：「如果是你看到別人這個樣子，會不會也像他一樣有這樣的反應？你看到類似自己的身障狀況時，會不會也下意識地去說他？」

「換位思考」就能減少很多不必要的痛苦，因為可能會發現，別人的表現其實很正常。

我們剛開始也因為人家看韋齊的眼光，而感到痛苦萬分。到了後來，竟然可以笑著面對人家，並告訴他們：「韋齊她很厲害喔！所以你們吃飯時要吃多一點，不要讓自己身體變不好喔！」

現在，我可以平心靜氣地回應他人有心或無意的眼光或玩笑，也不知道自己是不是訓練久了，才變成這樣的。可是很確定的是，如今我已不在意別人對韋齊的嘲笑了，因為她就是跟人家不一樣，這個不一樣是不是能帶給別人啟示，才是重點。

「所以，韋齊反而是更有價值的生命，你有沒有本事做到像她這樣，沒手沒腳可以自己吃飯、刷牙、洗臉，還可以打掃家裡？你可以自己煮飯嗎？韋齊可以，身體健全的我們是不是要比她更厲害呢？」我會這麼提醒小朋友，讓他們知道不但不應嘲笑，有些地方可能還可以向韋齊學習。至於大人，應該更有能力思考這些問題，不用我來提醒。例如「大三鐵」，韋齊都挑戰成功了，很多大人卻做不到，為什麼？

面對嘲笑、歧視而能不在意，的確很不容易。其實一般人也都有各自明顯或隱藏的缺陷，例如家庭經濟條件、個人的外表、學歷等，這些都不是嚴重的問題，只是稍稍「不如人」，若因此自卑、敏感甚至逃避，那麼韋齊又該怎麼辦？

幸好郭家教導細心，不但讓韋齊能面對嘲笑而不在意，以及換位思考，甚至將她如何克服障礙、生活自理的狀況告訴其他人，激勵其他人可以做得更好。尤其「大三鐵」的挑戰，韋齊這麼糟糕的身體都做得到了，為什麼條件比她好很多的成年人，卻輕易放棄？

父母的「以身作則」奏效，而今，韋齊比父母更懂得不要壓抑負面情緒，以及隨時紓發壓力。不要不快樂、不愛自己，要活在當下。

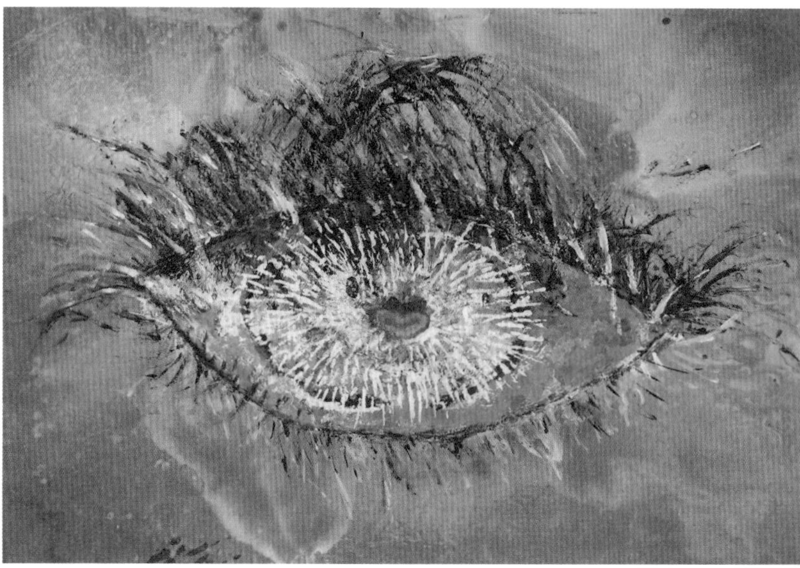

韋齊二〇一八年畫作〈眼光〉表現截肢後因外界異樣眼光而感到受傷的心情。

韋齊媽媽回憶……

幸好韋齊是個懂得紓解負面情緒的孩子，心裡有不愉快會找人訴苦（而且是找不少的人）。這樣做的優點，不僅不壓抑自己的情緒，還懂得去找答案、解決問題。對我而言，也才有機會知道女兒眼中的自己是什麼樣子，自己有哪些地方需要修改。為了幫助韋齊復健及學習，我們其實都做了很大的個性轉變。

韋齊病後一路走來，我們最大的心得是，不要用「忍辱負重」、「良藥苦口」的態度來教育孩子，相反的，教育應以快樂為目的。也就是說，教育韋齊的最大原則是「快樂的生活，不要想未來會怎樣」。

多年的痛苦掙扎，使得我們只想要「活在當下」，不再一直寄望未來。不必想將來如何如何，想太多只會造成壓力與惶恐。唯有「把握當下」，才會對任何成果感到驚喜。韋齊從最初的「如此不堪」，到現在的「天天驚喜」，這樣的轉變實在奇妙！

做父母的要以身作則，並有正確的心態。如果父母不能面對及接受孩子的障礙，如何教導孩子正確處理這些問題？若父母一味逃避、否認，一直責怪別人的不理解、不尊重，怎能教導孩子了解及接受這些障礙，進而主動告訴別人自己需要什麼協助呢？

郭媽希望韋齊不要成為「弱者」，甚至是把自己定位為「被害者」。她對自己也是如此期許。不要一天到晚「叫苦連天」，要覺得自己是「最有福氣的人」。她覺得，韋齊來做她的女兒，不是討債而是報恩。幽默的郭媽說，因為女兒，她才能從一個平凡的媽媽和醫檢師，變成一個可以跟許多大人物及國家元首合照的人。

韋齊媽媽回憶……

我二十九歲結婚，三十歲生韋齊，三十七歲韋齊生病，五十歲跟韋齊爬玉山。

韋齊生病之後，我離開醫檢師的工作，待在家中照顧韋齊。因為她，我改變了工作內容，在家幫先生做酥餅，感受到什麼叫「賺辛苦錢」。後來因為先生做得太累，身體出了狀況，我們才停下七年半的酥餅生意，開始當「無業遊民」，但也有了充裕的時間再學習。因為學習，我接觸到更多人，機會也相對增加很多。

如果我只是一個平凡的媽媽，或一個平凡的醫檢師，我不可能接觸到總統或其他高知識分子，生活圈也就與以往無異。

因為韋齊，我必須走出去找資源，去認識各式各樣的人。我感受到每一個人都值得尊敬，不管他聰明或有殘缺，只要懂得為自己努力，都值得敬佩。身心障礙者也是，只要能用自己的能力生活，都是最棒的人。

有時，我反而覺得自己是最有福氣的人，這麼早就可以在家裡「享受」。如果你把韋齊的狀況看成苦，就永遠是那個最苦的人。如果你把它當作是一個轉機，可能就是你人生最快樂的時候。所以，我認為：「韋齊是來報恩的。」

07 家庭的挑戰——手足悲歌

郭家爸媽再怎麼硬撐也有極限，回想韋齊住院初期，不僅健康狀況沒有變好，家中的老小也需要安撫。夫妻溝通的問題更是一觸即發，相互遷怒之下，已到達要離婚的臨界點。

韋齊媽媽回憶……

韋齊出事後，兩家長輩很快也都出了狀況。我的父母在三年內相繼走了，公婆哭到沒人能理解怎麼哭成這樣，那是因為倆老從韋齊嬰兒時期就開始帶她，感情之深旁人難以體會。

因為我在工作，韋齊出生不到一年又生了弟弟。倆老非常疼愛韋齊，他們與韋齊有特殊的情感，韋齊常做些事情讓老人家開心。後來，韋齊長大賺錢，第一筆錢不是給我，而是回饋給阿公阿嬤。

公公心痛大哭，使先生的心也因悲慟而匯成巨大的暗潮，迅速淹沒了他善良敦厚的本性。他換上一幅鐵青的面孔，話也少。必須與人交談時，傳達的是怨恨和想要買槍殺人的念頭。他還想帶韋齊一起自殺，把整件事一次做個了結。

我知道先生傷得很深，但當時的我實在沒有多餘的心力在意他的想法。我實在太忙了，滿腦子都是想辦法找貴人來救孩子，怎麼讓韋齊快一點醒過來。

不幸的是，許多莫名其妙的謠言開始在我耳邊猛力搧動；說我不願意負起責任、想要離開家，說我們買的新房子有問題應該退掉（才付頭期款第三天，韋齊就生病了）。種種耳語，讓已經很不平靜的我們，雪上加霜。滿身傷痕的我，當然擋不住惡浪的衝擊，加快陷入痛苦的深淵。

我們夫妻開始冷戰，我很倔強、不肯示弱，相互的埋怨不斷擴大，我跌入了傷感、哭泣、抱怨的黑洞，怎麼也無法爬出來。我要離婚，這巨大的情緒變化和毫不思索的衝動，使我在兒子面前情緒爆發，孩子也跟著大哭。現在我覺得很後悔，情緒爆發是極為不智的舉動，我傷了東昇稚嫩的心靈，我的寶貝兒子，媽媽很對不起你！

韋齊與外公外婆感情深厚，疼愛韋齊的外公不捨孫女受病痛之苦。

看到這兒，你可能既心疼又難受。心疼的是郭爸郭媽已經自身難保，還得顧慮家中老人「愛孫心切」的心情。瞞不住的結果是讓老人家傷身又傷心，甚至因承受不住而跟著罹病離世。難受的是到了此時還有人幫倒忙，因迷信而亂下指導棋，隨意指責郭家爸媽不負責任。不但沒有「伸出援手」，反而造成郭家二度傷害。

女兒的病也衝擊到夫妻情感與母子關係，對於弟弟東昇的心理創傷尤其嚴重。而今東昇也長大了，儘管韋齊媽媽很後悔當時的「無明」，對兒子深感抱歉，雖有彌補可能也無濟於事，只希望東昇能「同理」爸媽的心情，接納與原諒爸媽當年的情緒失控。

如果可以，夫妻之間在討論這些問題或需要宣洩情緒時，還是要避開老人及小孩。就像在「加護病房家屬等候室」，當病患離世時，家屬多半「默默地」流淚、「靜靜地」收拾東西離開，深怕打擾其他家屬的休息或牽動他們的心情，十分自制與體貼。

這部分似乎是每個有身障兒的家庭，必須面對的問題。在照顧上，難免會以身障兒為主，父母只好要求健康的手足要體諒、自立自強，甚至還要幫父母更多的忙。

如果這個健康的孩子非常年幼，自己也還需要父母照顧，如何能體諒父母及理解家中的狀況，如何表現超齡、成熟、懂事呢？當年韋齊的父母無法顧慮那麼多，而今對於東昇除了抱歉，也要讚許東昇超越尋常的表現。

另外則提醒類似狀況的家庭，即使外在沒什麼大問題的健康孩子，在一個受了傷的家庭裡，也會跟著一起受傷，所以要及早請求學校或外界幫忙。

韋齊媽媽回憶……

姊姊的突發事故，對弟弟東昇而言，不僅是晴天霹靂，更如「從天堂掉入地獄」般的痛楚。姊姊莫名成了一個手無縛雞之力的身障者，初期還不會說話，只會黏著家人、吵鬧不休。這時的東昇還是年幼無知的六歲小孩，自己也有很多事情需要學習，生活打理大都依靠爸媽幫忙。

但大人都把注意力都放到生病的姊姊身上，雖然東昇想跟我談天說地，可是我真的太忙，每天都在家裡、醫院、陪姊姊復健來回奔跑，哪裡有多餘時間跟東昇說話？

剛開始，我和韋齊爸爸還差一點離婚呢！東昇無法理解大人的問題，但看到媽媽哭，他也只能跟著哭。上學時，東昇隨身帶著媽媽的太陽眼鏡。因為太陽眼鏡代表媽媽的存在，想媽媽的時候就可以拿出來看一看，那是一種安全感。

韋齊媽媽為了照顧韋齊各方面的需求，已沒有餘力再陪伴東昇。於是她向東昇的導師說明狀況及請求支援；導師立即採取行動，找到合適的輔導老師來陪伴東昇。其實導師早已注意到東昇的異常，之後在輔導老師的細心、同理及耐心對待之下，東昇終於度過心境最不平衡及灰暗的時期。

韋齊媽媽回憶……

才剛上小學一年級的東昇，怎麼想得通姊姊的轉變是怎麼回事？那時所有的人事物都被迅速地轉換了，東昇心裡雖然有很多困惑，卻不知如何表達，更不知道可以找誰幫他。那時，東昇心中的恐懼和鬱悶，以及因巨大變故而產生的無助與無奈，沒有得到家人的理解與安撫。

雖然知道兒子也需要關注與照顧，但光照顧韋齊就已陷入焦頭爛額，我趕緊跑到學校告訴導師家中的驟變，無奈地說明自己已無法分身照顧東昇了。

導師聽到消息，立刻幫東昇申請了輔導資源。東昇是個很安靜的小孩，在學校吃午餐時超級慢，這也讓輔導老師發現到他的問題與心理需求。東昇出現學習與行為異常，初期是一頓午飯吃上一小時，飯含在嘴裡卻不咀嚼，寫作業也是停頓發呆的時候居多。

輔導老師強調自己不是輔導而是陪伴，她利用午休時間哄東昇吃飯、寫功課。經過很長的時間，東昇才終於有些起色，與老師建立了信任的關係。

輔導老師看到東昇因為姊姊的苦難而一下子被打入了深淵，要很久的時間來爬起及適應，就像他的名字一樣，終有一天「東昇如日，迎向光明」。

後來，東昇參加大學的推薦甄試，需要從前老師的推薦函時，他第一個想到的就是當年那位國小的輔導老師。老師在推薦函中描述：「有什麼比一路看著一位瘦弱的小一孩子，從驟遭家變、陷入困境、艱苦走來，全家人攜手同心，一起接受、面對、走過人生黑暗期，更讓人不捨與感動呢？」

韋齊媽媽回憶……

因媒體的注意與採訪、報導，我們在家製作的手工酥餅，獲得許多網友的支持與團購。讓我們得以一邊照顧孩子，一邊有錢幫韋齊裝義肢及復健。東昇也相對得到較好的教育資源，每年暑假都報名參加夏令營，在自己的興趣上得到更多發展。

在東昇最脆弱、無助的時候，因為輔導老師付出很多的愛、陪伴與資源，才得以順利成長。老師雖已退休，卻一直關注曾經輔導過的東昇。雖然東昇的學業成績不算太亮眼，但品格發展卻非常優質，國中時還獲頒品德優良獎呢！

如今東昇也成年了，整體發展稱得上優秀。但家中這樣巨變，對一個本來溫吞、沒主見的六歲孩子，要變成有擔當、沒怨言的獨立個體，還是非常困難的。東昇當年要獨自面對外人莫名的指指點點，常被人包圍著問些不想回答的問題。爸媽經常帶姊姊參與許多活動，只能獨留東昇一人在家（尤其在他國中階段）。

這樣強大的逆境，有多少小孩能撐得過去？東昇卻能體諒父母需要專心照顧姊姊的苦衷，獨自忍受著被孤立的日子。

郭爸郭媽對東昇既愧疚、不捨，又十分感謝及欣慰。東昇也是韋齊的大貴人，是上天特地派來的天使。

韋齊媽媽回憶……

現今二十多歲的年輕人，大都在父母百般呵護下長大，甚至家事都不曾做過。而我們家做酥餅生意，忙起來孩子也要幫忙，生活更須自理（韋齊也不例外）。

東昇從小培養了很多好習慣，例如自己設鬧鐘起床、自己走路上學，凡事都能自動自發。做父母的我們，常常被感動到十分驕傲呢！他的房間整齊、乾淨，也常被外人讚許。

東昇在小學三年級之前，還很愛幫姊姊做大大小小的事情，也會和韋齊玩在一起。小四之後有了自己的想法，受同儕的影響越來越大。東昇開始疏遠姊姊，因為姊姊被外人指指點點而受傷。

他不想再面對這樣難以啟齒的傷痛，於是選擇脫離家人的共同活動。

家有障礙兒，父母的角色扮演間接會影響手足關係。如果沒有健康心態的父母，並及時拉攏孩子的手足情誼，家人的互動就會在不知不覺中畸型發展。韋齊和弟弟的關係，至今仍不和諧，這是眼前家中最大的隱憂。

韋齊媽媽回憶……

前些年，因為我太專注佛法學習，減少與家人互動的頻率，造成家人的不滿，東昇甚至提議全家人一起接受心理諮商。

家人之間沒有交集，互動越來越少，心的溫度更是降到冰點，回到家有一種讓人窒息的感覺。因為大家都有自己的生活瓶頸，相處的壓力雖不像韋齊生病時那麼難受，但家人關係不和諧的問題，被刻意壓縮，失去處理的急迫性，也不是件好事。

家中兩位擅長「冷處理」的男士，碰到兩位「急驚風」的女人，真想要徹底解決問題，恐怕得等到大家都更成熟或有智慧的時候，才能把這棘手的手足問題，一次翻轉或化解吧！

家有身心障礙兒，不論在學業或生活方面，父母不免對特殊兒付出更多。智能有問題的身心障礙孩子，父母會不由自主地要求他表現更好，以彌補或建立自信，以及轉移注意力。但也可能因要求過高，父母更沒有心力及耐心照顧其他健康的手足。

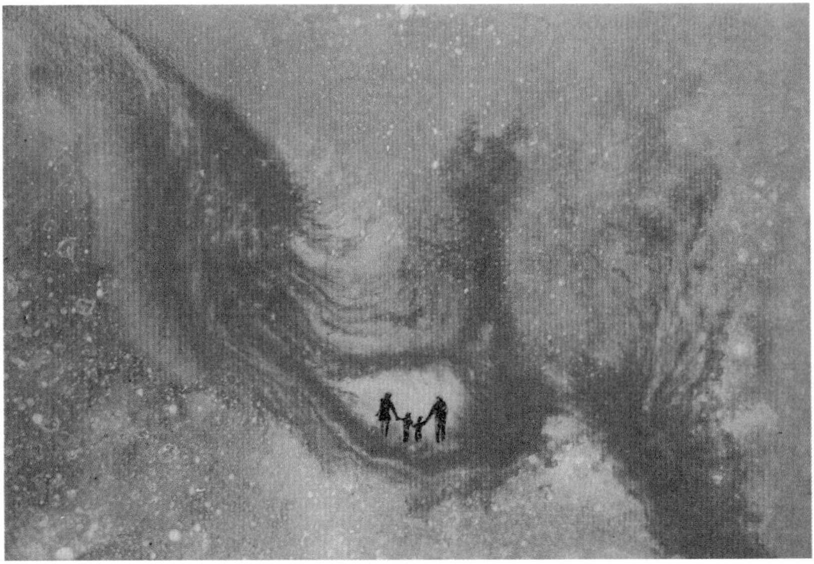

韋齊二〇一八年畫作〈親情〉，描繪與弟弟在
爸媽悉心照顧下所感受的家庭溫暖。

韋齊媽媽回憶……

韋齊有些壞習慣是東昇很看不慣的，例如一起吃飯時猛吃自己喜歡的東西，也不管別人有沒有得吃。

他不跟韋齊講話已經很久了，應該算是我造成的吧！早期我犯了很多錯誤，致使姊弟隔閡日深。本來我是我想把韋齊照顧好，弟弟交給爸爸照顧。實際上，爸爸也比較關注比較有明顯需求的韋齊，最後變成東昇沒有得到應有的關愛。

我在照顧東昇的時候，對他只有要求，卻沒有付出很多心血。東昇不跟我講話之後，我才想：「以前我這麼疼他，為什麼會有今天他不跟我講話的局面？」現在我認為，這也不是壞事，至少讓我清楚自己應該站在怎樣的角度看事情，也就是要檢討自己對於他們姊弟的態度，是否恰當？

東昇看不慣韋齊，這也是他的壓力，可能是我無形中造成的，已經無法追溯何時開始了，應該是日積月累的結果吧！我知道這樣不好，只好繼續自我調整及改正。

韋齊與東昇的相處問題，來自弟弟看不慣姊姊的一些壞習慣。我們一般人也有很多壞習慣，何況是身心障礙者。如果包容度不足，看到身心障礙者的表現，就會覺得不但沒有進步反而是倒退。

韋齊與東昇的手足問題似乎令人擔心，但郭媽表示，現在的狀況比較好些，至少她跟東昇講話，東昇會回應，但東昇不會主動跟家人聊天。

目前親子之間沒有太多互動，這是給彼此一點空間，不算是壞事。眼前郭媽的主要方向，還是要調整韋齊的壞習慣，例如在家裡東西亂丟（東昇很愛乾淨所以看不慣）。這些不一致，不是一兩天可以扭轉的。但，郭媽很看得開，家人關係只要不惡化就好，現在只能先維持一個平平靜靜的狀態。

08 身障者的挑戰——霸凌事件

病後的韋齊，不只要適應少了四肢的身體，還有許多後遺症，包括精神不好、嗜睡、癲癇、呼吸困難、半邊身體無力等。更麻煩的是，因為疾病造成「腦傷」，以致不能言語、智能退化、學習緩慢，情緒表現及理解能力也都變差。

韋齊在國中以前雖然待在普通班，但一直需要資源班及特教老師的協助。竟然有普通班的家長，直接打電話給郭媽要韋齊轉校。說韋齊的學習遲緩，妨礙到其他同學的學習進度與成果。郭媽把電話內容老實告訴韋齊，她知道這對韋齊必然造成傷害，但郭媽希望韋齊學習如何處理，不要只是怨天尤人、痛苦度日。

韋齊會被霸凌，除了是同學的惡作劇，以及老師的善意被曲解之外，也與她對人際互動的規則，以及人際界限的理解不足所致。然而，霸凌對她造成的傷害還是很大，使她一度企圖自殘，也變得畏懼上學。

韋齊回憶……

老師希望班上同學中能有幾個擔任「小天使」，在我旁邊隨時隨地注意我的安全，這樣的安排對我來說是善意，但在同學眼裡卻不一定。畢竟他們不是我的家人，只是同學而已；為什麼要做這些，同學也會抗拒。

有時候我在校園走不穩或跟著同學跑，會因自己不小心而踩空跌倒。有一次更嚴重，我還昏倒了呢！但老師在第一時間就到班上罵同學，指責同學沒有好好照顧我，因此同學都不敢再靠近我，以免倒楣被罵。這是在高中的狀況，因為老師的關心，反而使同學刻意疏離我。

國中時老師沒有特別管，我走樓梯時因為速度較慢，就會被男生言語嘲弄。男生也許只是惡作劇、覺得好玩，希望引起別人注意。有時候，他們就是要惹我生氣，我坐在班上好端端的，他們就拿籃球在我旁邊打或是踢我。他們要別人也不可以理我，然後給那些附和的人一些小福利。

我當時的做法是，如果同學無緣無故對我兇，我就會請老師來處理這件事。但也沒用，老師只叫我不要理他們。後來受不了的我想要自殘，但拿起美工刀割向手臂及大腿時，才發現「真的好痛啊！」嚇得我以後再也不敢自殘了！

如果身心障礙的孩子在學校被霸凌，回家時天天哭訴，父母該怎麼做？是要怪罪老師、同學以及他們的父母，或直接與師問罪、以暴制暴嗎？有沒有更好的做法？

韋齊媽媽回憶……

身心障礙的學生不會因為一個老師或幾個同學的霸凌，就造成他崩潰。只要他還有一個能依靠及安慰他的環境，他就會覺得人間有溫暖。

韋齊在校被霸凌時，每天回家都哭，不是偶爾講講而已，回到家的第一件事就是哭，哭訴別人對她一個又一個不公平的對待。這時我會跟她說，那是別人愛玩啊！希望給她很多正向思考的方向，教她轉變局面的方法，包括自己找其他事情做，就不會一直專注在那個問題上。

有些事情無法當下解決，但時間可以帶來某個程度的修復。例如學校專輔老師可以幫忙輔導韋齊、輔導其他同學，改善霸凌的情形；家人、親友也可以給韋齊很多支持，讓韋齊不感到那麼「孤單」、「受害」。當然，不是每個人都跟著幫她出氣，還是有些人會說些忠言逆耳，提醒與規勸韋齊。

韋齊被欺負，剛開始我們也覺得她已經夠淒慘了，為什麼還被人家這樣對待？但如果一直站在這種立場去指責他人，霸凌者的家長也會怪罪自己的孩子，要孩子改善霸凌行為，但表面上制止霸凌並沒有用。若沒有一個情緒的出口，霸凌或欺負的事件仍會惡性循環地再次發生。

幫助特教生需要靠「一整個團隊」，包刮家人、親戚、同學、輔導室、相關團體，否則父母及老師會常常感覺很挫敗。

運用一整個團隊的力量，讓更多人關注、從不同角度開導，才能有效協助特教生克服霸凌問題。例如有些學生可能因霸凌而產生心理疾患，這時就需要心理諮商人員提供專業的幫忙，同時，家人朋友要成為孩子的依靠，讓他的情緒有出口；校方則須從教育著手，積極處理霸凌問題。另一種情況是，因為導師、家長無法辨識特教生受到霸凌的跡象，或未覺察到特教生的心理、情緒問題，這時需要專家介入，協助導師及家長辨識問題的跡象。

韋齊媽媽分享：

有些特教生在學校會「選擇」不跟別人講話，那是因為他覺得大家不但不幫他，還會刺激與嘲笑他，以「選擇性緘默」來自我防護——防備你們欺負我。

他們認為：「只要我不講話，所有人就對我沒轍！如果我一開口，就像要跟人家吵架，這樣反而讓霸凌者覺得很有趣，更加攻擊我。反之，我不講話你們就沒興趣了。」所以，緘默是一種保護，讓自己不用再接受霸凌。這種保護不是一件壞事，它是自我的選擇。

老師是否能覺察，有時自己也無意間在霸凌身心障礙的孩子呢？可能並不知道吧！老師只覺得是在幫助他們，但只要在面對這個身心障礙學生而有負面情緒產生時，就已經開始霸凌了。

可是每個人在情緒產生的那一刻，並不知道自己已經在霸凌別人。沒有人喜歡跟負面情緒的人互動，都希望心平氣和。但老師自己有負面情緒時，並不一定能自覺。若沒法辦識自己的壞情緒，與身心障礙孩子互動時，霸凌就已開始。

身心障礙學生的家長當然不能偏袒、循私自己的小孩，有時候孩子也有需要改進的地方。所以幫助孩子了解自己的問題，進而積極自我調整，也是很重要的一環。以韋齊來說，得獎越多、名氣越大，自己需要改進的地方也更多，例如沉浸於光環、大頭症、自我中心。

韋齊媽媽分享：

身障者也要反省，自己的某些狀況已經較弱了，若還不做些調整，別人必然會躲開你。例如如果別人暗示你很多次，要調整口腔的味道，若身障者堅持不改，還誤解別人排斥你，沒想到自己造成別人的困擾，因為口腔的臭味而使人不想接近你。

身障者自己要先做好，才能讓人家接受你。不要始終把自己當作弱者，而要當一個值得尊敬的人。

韋齊也一樣，她以為得到那麼多獎就很了不起，卻不知道自己還有很多需要調整的地方。她不知道不是每個人都一定要幫忙，願意幫忙的都是她的貴人，要懂得感謝與回饋。可惜她沒有這樣的正確心態，總覺得別人幫她是理所當然。這就是很可憐的事，她始終認為自己是弱者，這就很糟糕。

她沒有想到，人家願意幫忙，是因為他已經理解妳了，這份理解是很可貴的。

韋齊說從國中二年級之後，自己比較不受霸凌狀況影響，心情開始好轉了。那是因為剛好接觸到舞臺，二〇〇七年，郭媽接到截肢協會的理事長曾一士先生的電話，邀韋齊參加每年一次的身障才藝大展，是在國父紀念館的盛大演出。

當時，韋齊以《虹彩妹妹》一曲來跳舞，還用鋼琴彈了一首歌「月亮代表我的心」給阿嬤聽。台南的親戚全都坐火車上台北看韋齊的演出，也是阿嬤第一次看韋齊的表演。當晚，阿嬤看得很認真，當聚光燈投射在她身上時，那一幕真的很動人。

韋齊的國中同學黃聖耀說，韋齊當時被霸凌，是因為韋齊受傷時，老師會指責同學沒有把她照顧好。同學覺得很冤枉、不公平，認為老師偏袒韋齊，所以才會在韋齊身上出氣。

看著韋齊的成長，聖耀覺得非常佩服韋齊，她能接受那麼多的戶外活動挑戰。這些對一般人而言，是不願意做或自認做不到的事，她卻能夠成功。其實一般人只是貪圖安逸，不願意花時間與體力，但韋齊卻不怕苦、不怕難、不怕麻煩。

但聖耀也很心疼韋齊，覺得她常想太多，所以壓力很大。而且因為曾有受騙的經驗，所以總擔心別人會利用她。她力求完美，不斷想突破自己；她很清楚自己要什麼，很堅持自己的目標。但也因此，當她專注於某項目標時，常顧慮不到其他面向，例如身體健康、人際關係。

聖耀與韋齊是彼此最好的朋友，因為聖耀願意傾聽韋齊的心情與困擾，而且不管韋齊說多少遍，聖耀都會聽完。聖耀很能體諒及包容她，韋齊非常珍惜這難得的友情。

09 班級導師的挑戰——班級經營

家裡有身心障礙的孩子，一定會增加許多工作。如果班上有這樣的學生，老師也一樣；那麼，要先做哪些準備呢？

老師對身心障礙的學生，可以和一般學生一樣「一視同仁」嗎？也就是說，身心障礙的學生有辦法做到一般生一樣的結果嗎？如果不能，該怎麼辦？如果障礙生有特別的反應與行為時，老師要用什麼角度去思考與處理呢？

依我國《特殊教育法》第一條：「為使身心障礙及資賦優異之國民，均有接受適性教育之權利，充分發展身心潛能，培養健全人格，增進服務社會能力，特制定本法。」

《特殊教育法》第三條說明身心障礙是指：「因生理或心理之障礙，經專業評估及鑑定具學習特殊需求，須特殊教育及相關服務措施之協助者。」身心障礙細部分類為十三種：智能障礙、視覺障礙、聽覺障礙、語言障礙、肢體障礙、腦性麻痺、身體病弱、情緒行為障礙、學習障礙、多重障礙、自閉症、發展遲緩、其他障礙。

韋齊媽媽回憶……

韋齊出院後休學一年在家自學，與淑俐老師的第一次見面則是我們母女到世新大學做「生命教育」示範。淑俐老師將自己義賣書籍募捐到的二十四萬元，給韋齊作為生活津貼。

因為韋齊需要有人陪伴，淑俐老師就安排熱心的世新大學師資生到家裡幫她課業輔導。儘管她的腦部受傷，韋齊還是能清楚表達意願。她能判斷哪些人她接受、哪些人她拒絕。讓她開心的就接受，讓她生氣的就不理；就是這麼簡單，她不會考慮要給誰面子。

韋齊不接受某人時，可以一個小時都趴在桌上不理人，要教她並不容易，真正能教到她的人很有限。到我們家十個小時，能收獲五小時的效果，就很了不起了。所以當時那些世新的大學生姊姊，挫折感應該蠻大的。

「不給面子」在特教生身上，表現得更為明顯。正常人會勉強配合，但特教生這部分就很難教，難在他不會委屈求全，總是照著自己的個性表現。所以，如果老師自己的情緒管理不夠好，就無法教特教生，特教生也無法接受老師。想當特教老師或班上有特教生時，老師真要考慮與反思自己的情緒管理是不是夠好？

特教生常率性地照著自己想要的去行動。生氣的時候，不僅不理人，還可能有反抗的行為。這些都是老師在特教生入班之前，要先準備及注意的事。除了老師要注意自己的情緒管理，以及了解特教生的特質之外，更重要的是，老師要怎麼帶領這個特教生，才能讓他在班上快樂學習、明顯進步？

有身心障礙學生的班級經營，的確不太容易。如果你不特別管他，對全班及特教生就會形成雙輸的局面。特教生不會進步，一般生也受到拖累。反之，如果老師能夠善用這位特教生對班級可能造成的影響，使他成為全班共同努力的目標，就能創造雙贏。不僅特教生得到照顧，班級也因此產生凝聚力，這個班就會非常不一樣，會成為真正有愛心與同理心的團隊。

老師要如何引導呢？我曾看過導師與身障生的家長，因為教育理念與方式不同而產生嚴重的對立與衝突（甚至對簿公堂）。之後即使解決了問題，卻不一定是「善了」，使所有人心中都留下難以抹去的陰影。造成親師間的誤解更深，彼此互「貼標籤」，更不利日後這類狀況的班級經營。

韋齊媽媽分享：

一般老師看到這種孩子，第一個反應通常是「不想接」，否則就是為了減少班級人數而接（一個特教生可抵兩個一般生），卻不是真的想要這樣的孩子在班上。這比明確地說「我不想接這樣的孩子」，狀態更為嚴重。

這樣的老師會對特教生「不要求」，使特教生往往成為班上的「拉拉隊」——將班級表現「往下拉」的人。如果老師沒有用心在這些孩子身上，思考如何讓他們成為班上的助力，他們就會有很大的可能成為班上的阻力，甚至造成老師與學生一同霸凌特教生的殘忍局面。

一個真心運用特教生帶來的影響力帶好全班的老師，做法將完全不同。他會以這類學生當做班上照顧的對象，讓他們融入這個班級。老師可能會以以各種方式，讓全班對「照顧特教生」達成共識、產生向心力，以身障生作為「付出」的對象。當照顧身障生而產生成就感時，就會提升這個班級的成績與向心力。

可是會這樣經營班級的老師並不多，有些老師可能覺得這只是階段性任務，只要這兩、三年沒事就好。但這樣的心態，最後受到傷害的絕不只那幾個身心障礙的孩子。相對的，老師若能帶好身心障礙的孩子，班上的其他孩子也容易比沒有身障生在的班級更有同理心、耐心與愛心。

家長都不希望自己的孩子被歧視，家長都盼望老師能夠平等地看待孩子，給予他們公平的學習機會。但是，「公平」、「平等」等於「相同」嗎？一般生做得到的事，身心障礙的孩子不一定能做到。如果老師用相同的教學方式，要求有相同的教學結果，身心障礙孩子就無法表現得跟一般孩子一樣好。那時候，該怎麼辦？

韋齊媽媽以韋齊被歧視的切身之痛表示，由於近年來推動「生命教育」，才使身心障礙者較不受歧視。早期則因老師或學生都沒有受過這樣的教育，沒學過如何與身心障礙者相處；不了解身心障礙者的努力與成就，才有欺負他們的錯誤表現。

二〇一七年，香港電影《一念無明》，就是描述人們對精神疾病難以撼動的偏見與歧視。劇中，兒子在母親死後隨即因躁鬱症而住院，即使調查證明母親死於意外，不是兒子弒母，法官已判他無罪，大家還是將弒親與他的精神疾病緊密連結，因而害怕他、躲開他，甚至強迫他搬家。但他的爸爸明白地告訴鄰居：「生病並不可恥，也沒有妨礙到你什麼。人人都會生病，我也有病，我是糖尿病、高血壓。你兒子也有哮喘，誰沒有病？」

為什麼取這個片名？編劇陳楚珩解讀：一念，指念頭，一念生萬念，說的不只是一個念頭，而是不斷堆疊的思想。無明，就是不明白、不知道、沒有智慧的意思。一般人不能看清實相，在生命中不斷互相傷害，同時折磨自己，乃出於自身的「無知和執著」。

對精神疾病者「無明」，對身心障礙者也常如此。

韋齊媽媽回憶……

以我們的經驗，我發現有些老師容易陷入一種迷思，就是要「平等對待」每一個學生。要身心障礙的學生跟一般生遵守一樣的規則、一樣的學習方式，甚至要達到一樣的學習成果，而不能用身心障礙者的角度來看待這類孩子，這樣真的公平嗎？

什麼叫平等？具有身心障礙的孩子在實質條件上已經不平等了，怎麼要求他們與一般孩子有一樣的表現？有些老師口口聲聲說要「一視同仁」，是因為他只懂一般孩子的需要，卻不懂身心障礙孩子需要什麼。甚至會有老師進一步說：「我是平等對待」，這其實已經把身心障礙孩子的標準「拉高了」，甚至還覺得家長為什麼如此刁難呢？

當然，家長勢必也要去學習，否則沒有辦法帶領這樣的孩子。雖然我學了很多，可是時間的急迫性跟自我反省，仍是有衝突的。

用一般孩子的程度來要求身心障礙者，就是不公平，因為已經把標準拉高了。身心障礙的孩子與一般孩子的學習狀況，是不同的。

如今在特教生融入一般班級的制度裡，因為特教生是少數，很容易被多數的狀況給掩蓋掉。所以，班上有這樣的孩子，老師就要額外學習，才知道怎麼帶領他們。對於身心障礙學生要有更多的耐心與等待，不可能立刻看到好的結果。

韋齊媽媽分享：

老師是不是願意給身心障礙學生更多時間進步呢？或者可以看到身心障礙學生一點點的改變，就感到滿足呢？如果老師有這樣的概念，就不會奢求身障生在他的班上很快就能看到好的結果。身障生的成長需慢慢累積，而且需要很長的時間，絕不會像一般小孩那麼快。

我想藉此提醒的是，老師的進修非常重要。尤其在如今這個數位化的時代，變化越來越快速，學習的內容也越來越多，但大家都急於看到成果，而忽略了班級經營。要達到這個成果，往往超乎平常所做的事。

我們的腦袋轉得再怎麼快，仍有不少時候敵不過電腦，為什麼大家要做這樣的奢求呢？特教生要修正或成長，都需要時間。

韋齊的學習生涯中，很幸運能遇到許多認真教學的好老師，但也有比較令人感到可惜的經驗。我認為「老師」這份工作是很特殊的，它不僅是一份賺錢、餬口的工作，更有一個使命感存在，影響的是孩子的思想與未來發展。老師究竟帶著什麼樣的心態在從事教育工作？當教學方式沒有成效時，他會覺得是自己的問題，還是孩子？會採取什麼方式處理？希望這些問題每位老師都能想一想。

教育是階段性的，還是今天的教導可能造成學生一生的改變？我相信不少人曾在某個階段遇到一個讓你改變很大的老師，他用什麼樣的教育模式使你得到改變？

我小時候的老師，眼裡只看得到成績很好的學生。對成績不好的就猛打，達不到標準就一直打，打到每一個人都嚇得屁滾尿流。但我也遇過另一位老師，在帶班時第一句話就是：「你們只要成績進步10名、5名，老師就會送你們小禮物。」也因為這樣的鼓勵，為了禮物我們都特別用功。

老師自己若有成績不好或成績好的落差經驗，應該較可以體會孩子學不來的痛苦，會想出更多方法來教會孩子。學習很順利的老師，或許較不知道課業的壓力及學不會的痛苦，也沒辦法教導成績不好的學生。

所以，老師的經歷可能是未來從事教育工作時，願意付出多少心力的依據之一。教育不只有教知識、教技術而已，孩子的品格、思想，都會受到老師的教學方式影響，老師的教學態度真的很重要。

韋齊媽媽很感慨，傳統的教育只在乎分數表現、只在乎有沒有一百分，較少有老師關注你的品格教育。我們沒有「心對心的教育」，只有技術教育。人與人的交流是在談心，要說真心話啊！師生關係、親師關係、同儕關係，也都應該如此。

10 特殊教育的挑戰——親師合作

在國小階段，懿貞和韋齊的低年級導師、高年級導師，親師關係良好。讓韋齊在各方面的復健都得到很大的助力，留下愉快的回憶。國小中年級，因為導師不允許家長入班陪讀，親師合作較難進行。國中時，則面臨一段「誤解期」、「撞牆期」。

韋齊媽媽回憶……

韋齊在進入國中前，我們已和國中的輔導室老師有過多次互動，但和導師始終沒有交流。所以，開學後當我們希望導師能協助韋齊的課業，或增加韋齊與班上同學的互動時，導師並沒有採納我們的建議，仍用對待一般生的方式要求她。

我與導師之間，開始有些隔閡與障礙，有事情時只好前往輔導室進行溝通。韋齊也因功課不好，較喜歡留在資源班上課。

但是，每學期一次的「個別教育計畫」(IEP) 會議時，家長與導師還是要見面。但，導師的口氣都不太好，她要我們尊重班級的規則，覺得我們沒有按照她的規定來執行。

後來導師因病請長假，回來後，她要班上同學寫下「對哪位同學不滿」；結果韋齊成了箭靶，大家紛紛表示對韋齊不滿，從此我和導師的關係就更不好了。

雖然我也想要化解隔閡、增進親師合作，但其實上很難；最後只好以逃避的方式，等韋齊國中階段結束，讓事情自然過去。

國中的導師通常一任三年，韋齊媽媽只用寥寥幾字，說完她與導師之間不愉快的相處經驗。最初，彼此沒辦法建立親師關係，可能是因為導師不希望特教生與一般生不同，覺得沒有必要給予額外的幫助。

親師之間的教育觀念與需求若有落差時，親師溝通就難以進行。最後可能演變成相互逃避甚至是攻擊。每學期一次特教生的「個別教育計畫」會議，本來是親師共同商議教育方式的最佳時機。但導師要求家長要按照班級規則進行，甚至指責家長沒有按照導師的規定去做，結果親師仍然無法磨合。

這樣的單向傳達自然無助於親師合作，也影響身心障礙生的適性教育與生涯輔導。最痛苦的是，導師竟然要求全班寫下「對哪位同學不滿」，使韋齊成了「替罪羔羊」，親師關係從此破裂。

這當中誰曾試圖化解呢？韋齊媽媽無奈的說，只能等待韋齊國中畢業，讓事情自然落幕。但她還是深切盼望這樣的事不要再發生，特教生家長與導師之間還是應該化解差異、順暢溝通。

溝通雖是件費時、費力的事，非萬不得已，還是不要使關係破裂。尤其今日的家庭功能日漸低落，社會負面訊息日益蔓延之時，更需要親師合作。甚至有時須藉由學校教育及教師專業，來補償家庭功能的不足。

11 特殊教育的挑戰——輔導資源

幸好在韋齊國小及國中階段，他們與輔導室的關係都很好。輔導室是家長及特教生可以依靠的地方，特教生有困難可在第一時間求助，並得到長期的協助。輔導室也提供家長成長與互助的機會，讓彼此相得益彰。學校若能安排導師、輔導室、家長「建立社群關係」，大家彼此扶持、共同支撐特教生，一定能「事半功倍」。

韋齊媽媽回憶……

我們當然還是給韋齊一個很強烈的觀念：「你要相信每個老師，有問題就去找老師解決。」這一點她很認真地執行。某個程度上，韋齊自我處理事情的能力很強。碰到困難的時候，會去找信任的人；不管是同儕、朋友、老師或是父母，她都會很認真地問，不把問題擺著不管。

她能積極、快速地把自己的困難解決，這是現在很多人還很難做到的地方。她有這個特色，碰到困難就會打電話給很多人，告訴他們自己現在的困境，不管是心理層面或是工作上遇到的難題。

國中時，輔導室就對她提供了這樣的幫助，讓她每個禮拜可以跟輔導老師說她的事情或問題，然後她會照著老師建議的方法去做。得到一些改善或成功經驗後，就比較有自信。老師也會依她的能力，給她一些表現自我的機會。

她常參加特教組的活動，如圍棋比賽、籃球比賽，這些都是針對特教生而修正過的比賽。所以韋齊在資源教室玩得很開心，但是在普通班就很不開心。

其實，不僅是輔導室的輔導老師、特教老師，導師及一般科任老師也都可以多花時間跟特教生交流。不僅是經由鑑定的特教生，很多一般生其實也是心理或隱藏型的特教生，已有實質或達到疾病程度的心理障礙。導師或科任老師若能跟他們多一點「個別談話」，一定能及時幫助到許多學生。

韋齊媽媽要韋齊對老師充分信任，有困難時就找老師。幸好輔導老師也願意固定時段跟韋齊會談，使她建立對人的信任感，碰到問題時才能勇於求助或諮詢，從各方面得到較完備的答案。她希望不僅是輔導老師，導師及科任老師也都能多與特殊學生互動，讓他們及早解決困擾，增加對人的信任。「個別談話」不僅特教生需要，一般生也一樣需要。

我去學校進行親職教育講座時，最後留下來發問的幾乎都是特教生家長。我能充分感受他們的無助、孤單與悲觀，但若輔導室能把特教生家長們組織起來，就能發揮互相教導及激勵的作用。比起一學期聽一兩次演講、問專家意見，有效得多。

但韋齊媽媽發現，這樣做的學校並不多，實在可惜！

韋齊媽媽回憶……

許多孩子（尤其是特教生）的心理障礙，外表是看不出來的，對他們的教育方式就應該不一樣。而且也須著重在家長身上，如果能把教家長教好，那個小孩就有希望。

教育家長的模式並不困難，可以把特教生家長組成一個聯誼會，由輔導室特教組的組長主導，將特教孩子在家裡或學校的問題彙整起來，讓家長們更容易交流及有效解決問題。

但，在韋齊各階段的就學時期，能這樣做的學校並不多，所以我都主動溝通，直接去輔導室。因為有些老師不一定能接納身心障礙的孩子，對學生有負面影響。

輔導室則較能全心關注這樣的孩子，身心障礙學生在輔導室的時間也多於普通班。如果學校的輔導室專業夠強，這樣的孩子就不用擔心。

一定要建立特教生的家長社群，但不一定都要是學習型的成長團體，也可以是聯誼型的非正式組織。不需要太頻繁、固定或強制的聚會，因此也不必多少經費。

韋齊媽媽分享：

幫助身障生的另一個重點是：輔導他們的父母，讓他們不要亂發脾氣。這部分由學校的特教組主導，就可以做得很好。

國小階段要協助家長成立互助網及群組，家長若能及早把孩子帶起來，孩子到國中後就有辦法順利適應。如果家長連自己的孩子都帶不了，孩子到國中後更難適應。

特教生在國小階段，學校就需提供家長更多相關的特殊教育知能，最好學期末能舉辦家長聯誼活動。家長見到別人的苦，會覺得自己還是很有福氣的，才不會越來越苦。

那是一種提振的效果，也使得校方跟家長的互信關係建立得更好。之後當學校希望家長做什麼事時，也比較容易。需要家長擔任志工的時候，沒有出去工作的家長就可以來協助特教組。志工媽媽或爸爸是很好的特教資源，因為特教生家長為了自己的孩子，大都願意出來當志工。

特教組可以建立一個團隊，包含輔導室的老師、資源班的老師、特教生的家長等。如果沒有先輔導特教生的父母，他們就會是特教生成長的障礙。

只要幫特教生家長舉辦一個「下午茶」，整個感覺就不一樣了。透過聊天就可讓很多家長在原來不那麼關心的問題上，得到提醒。學校裡若有特別關心自己特教孩子的家長，就把他們拉出來一起吃個下午茶。

這樣就有了向心力與互信的基礎，日後老師跟家長的溝通會比較容易，家長也較相信老師願意為他的孩子付出。互信的關係建立了，家長之間就可以互相幫忙。就像當初我去別的小學分享，把所有特教生的家長都請來，讓他們看到人家的孩子這麼糟糕都可以帶得好，你是不是也可以效法？

透過分享就會看到一些方法，找到一些支持力，覺得自己小孩的狀況沒有那麼嚴重。

特教生本身也可以幫他們成立一個團隊，找出一個適合的特教生來擔任領袖。透過同儕輔導，效果可能更明顯。這樣做，可突顯特教生與一般生一樣有價值，甚至更有價值，對整個學校及社會都是互利、共好的事。

韋齊媽媽回憶……

學校的特教大致分為兩種，一種是資優的特教，一種是弱勢的特教。資優部分學校通常比較重視，因為容易看到成果。弱勢部分要看到成果比較難，所以要找出一個領導人。不管從老師或學生當中找到領導人，弱勢的特教辦起來就會很成功。

當初韋齊就是學校裡帶頭的人，她可以帶某些特教生做某些事，而且那些特教生也很喜歡她。要形成一個很強的互助網，老師就要在特教生裡找到一個比較有能力的人，發揮領導能力。當時我跟特教組長講韋齊正在學跳舞，有機會要不要讓她表演？後來韋齊表演給家長委員們看，家長代表大為感動，覺得學校在特教部分做得很好。

這種精神是可以發揮出來的，使大家知道特教生不見得是社會的負擔，更可以是社會的典範。

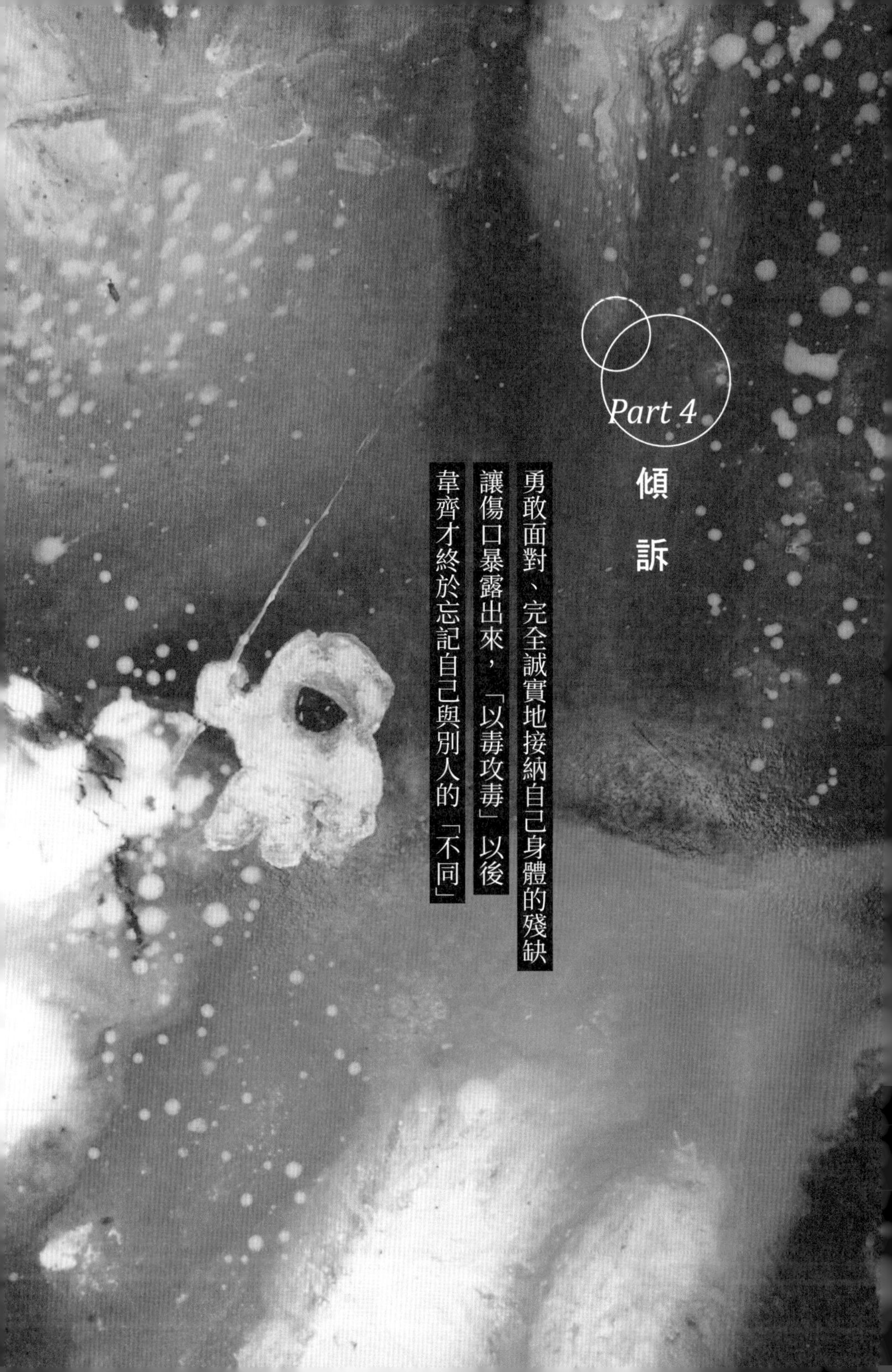

Part 4
傾訴

勇敢面對、完全誠實地接納自己身體的殘缺
讓傷口暴露出來，「以毒攻毒」以後
韋齊才終於忘記自己與別人的「不同」

二〇一一年澳洲生命鬥士力克．胡哲來臺演講，主題為「永不放棄」，當時由韋齊擔任開場舞演出。她曾透過視訊問力克：「如何克服別人的眼光，勇敢做自己？」

力克十分有智慧地回答：「經過這些年，我已經習慣有些時候的揶揄，我知道我就是我，不用改變。妳很美麗，做自己就好，不需要在意他人的眼光。上天對每個人都有特別的計畫，我們的笑容終究會被注意到，我相信我們的存在是有意義的。我們不要以外表來判斷對方，做自己就好。」

二〇〇〇年，韋齊七歲時大病一場後截去四肢，多年來，父母一直陪伴她，不只安撫她身體上的痛苦，還要照顧她的心靈，使她擺脫自卑、活出自我。這些心路歷程一般人難以體會，自然也無權評論。沒有人是完美的，韋齊的家人已做了所有他們想得到的事情。當然還有進步空間，因為，沒有「最好」，只有「更好」。

01 這是一本實話實說的書

這本書不是讚揚韋齊父母的神話，也不是歌頌韋齊醜小鴨變天鵝的童話，而是傾訴二十年來發生在韋齊身上、韋齊所遭遇的「實話」。

除了前面篇章所提教育制度的問題之外，韋齊的父母也沒有忘記檢討自己，希望家長們看到後也許能有「見賢思齊，見不賢內自省」的效果，對於自己犯錯的部分，則希望「無則嘉勉，有則改之」。

韋齊媽媽分享：

這次寫書的目的，就是希望把當時不健康的想法、沒發現自己或逃避的問題完整記錄下來，讓相似境遇的家庭做為借鏡，也讓我們有機會在過程中爬梳二十年來的大小事，更清楚看到自己真正的模樣，否則還是茫茫然，無法解決隱藏的問題。

我覺得這次的書寫，是個非常棒的轉機。事件發生之初，我的念頭總纏繞在「韋齊為什麼會出事」上，找不到答案，現在我已經知道了——無常。無常隨時發生在生命中，我們會覺得這麼辛苦、無法承受，是因為自己不願意面對。

雖然不願意接受，但不管如何，你我都活在無常之中。如果能面對無常帶來的痛苦，就有機會改變局勢，變成快樂的人；如果不願意面對，就只能繼續陷在苦海中徘徊。當時我的想法是「不可以逃避」，總不能放棄孩子吧！如果逃了，我們全家也完了，當初我就是這樣跟韋齊爸爸說的。

「如果你不願意面對，我們就離婚，你自己去處理你的問題。如果你願意跟我一起面對，我們就要好好振作起來，一起解決這個問題。」爸爸很聰明，他也知道這樣下去不是辦法，開始不再想著自殺，我們一起好好照顧兩個小孩。將負面思維放掉，該工作就去工作，不工作就想其他辦法過活，總之，就是要兩個人共同努力。

家有特殊狀況的孩子，雙親若有一方不願意付出，結局就會很慘。所以一定要做個抉擇——全家一起往上爬、積極生存，還是一起往下掉、逐漸沉淪？為什麼許多人遇到困難會放棄？是因為我們的教育並沒有教我們怎麼面對痛苦，於是在經歷到痛苦的時候，多數人都逃開了。

如何面對痛苦，就在一念之間，而「信念」是從環境與個人經驗中養成的。

02 名氣的意義

韋齊媽媽分享：

總統教育獎頒獎時，韋齊的母校會比較在意，學校會藉此宣導什麼是總統教育獎、這個學生為什麼得到總統教育獎、她的精神值得大家學習等等。不過新聞媒體卻不太報導這些，所以這麼多年來，並沒有太多人知道這個獎項的內涵。

總統教育獎自二〇〇一年開始，設立目的在於鼓勵能「以順處逆」、發揮人性積極面、力爭上游、出類拔萃、具表率作用的學生，以彰顯國家對學生優良品德及特殊才能的重視。原本僅頒國小、國中、高中職組，二〇一〇年起增加大專組，被推薦人需要具備下列條件之一：

1. 奮發向上，發揮服務奉獻、孝行表現、友愛行為、體恤他人等情懷，對社會

風氣有良善影響，足堪楷模者。

2. 語言、藝術、薪傳技藝、技能、科學、科技、資訊、體育或其他領域，具有特殊才能，出類拔萃者。

韋齊媽媽分享：

韋齊雖然獲頒許多大獎，但其實是「撐不起來」的。實際上那些大獎應該算是一種提醒，使受獎人時時自問：「自己到底有沒有達到那個標準？」才是最重要的目的。得到那麼多榮譽反而會恐慌，因為可能發現自己根本沒有達到那個標準。

獲獎或隨之而來的名氣，實際上真的有用嗎？韋齊已經拿了十大傑出青年獎，那個「名」有用嗎？可以讓她的工作有著落嗎？結果，就只是一個頭銜而已，影響有限。

頒發獎項，可能是希望受獎人能藉由這個名氣，為自己招來更多的資源或機會。但韋齊因為十大傑出青年的頭銜，而與哪些基金會連結上了嗎？其實沒有，認識「世界和平會」是因為混障綜藝團的關係。

得獎是好事嗎？其實不然，反而令韋齊一家更加惶恐。因為郭媽越來越感覺「名實不符」，雖然得了大獎，但他們自覺沒有達到那個獎項的標準，對於要成為別人的典範，他們深感自己的不足。

可惜，這世上還是很多人追求虛名、相信虛名，而忘了重點在自己是否「撐得住」？又能撐多久呢？

韋齊媽媽分享：

其實每個人都只是一個小螺絲釘，成功要有很多人的協助，只不過在最後把名氣掛在一個人身上而已。就像得獎的演員，背後需要許多人教他怎麼演戲、精進肢體表現、梳化，如果沒有團隊配合，他一個人難道就能做到嗎？得獎者只是臺前的代表，真正的成功者是一整個團隊。

你給身障者一個獎項，不表示是他一個人的功勞，得獎是因為團隊強，團隊知道你的優勢在哪裡，知道怎麼幫你走得更遠、到達更高的層次。

就講韋齊吧！她能完成這麼多壯舉，難道是靠她自己一人嗎？難道是因為我們的家庭教育嗎？絕對不是！我常常講，韋齊是臺灣整個社會帶大的孩子，根本不是我們家的功勞。

光是記者的採訪就是很大的功勞。韋齊是個幸運兒，多少身障者連一點曝光機會都沒有，她卻是媒體寵兒，媒體時常報導她的好，一次次地凸顯她的優點，這也讓她更有自信，有自信就越愛表現，表現也隨之進步，這不就是一個正能量的提升嗎？如果沒有這些採訪，誰會關心她？

「名」大多只能給一個人，但「實」卻是眾人的貢獻。所以成功的人更要感謝其他默默耕耘的推手，沒有他們就沒有你的成就。要懂得謙虛，因為名氣只是一個代表，真正該受讚揚的是團隊的合作。

韋齊成名以後，郭媽媽也受到不少誤解，例如運用別人的力量使女兒獲獎、過於安排女兒的人生道路等。郭媽媽尊重每個人的想法，也承認自己不一定每件事都做得對，有功就有過。

對於韋齊，郭媽媽比較站在「自由發揮」的角度，韋齊想要什麼，就盡力給她什麼資源。至於別人怎麼評論，做媽媽的她都願意概括承受。但的確，郭媽媽也發現，有時給孩子太多的自由，韋齊很難理解自己的福氣是多麼難能可貴，「自由」反而成了「任性」。

如果一定要說誰做錯了什麼，韋齊媽媽倒是非常認真地要公開向家人道歉。

03 致韋齊，媽媽的真心話

韋齊媽媽分享：

而今我才發現，自己看似與女兒最親密，但其實也沒有「真心理解」韋齊，甚至韋齊目前處在「哪個點」，我也不完全知道。

許多時候我只想到自己，只想抹掉之前的所有錯誤。我不想面對女兒最關鍵的問題，不希望看見她這麼糟糕的樣子。我並沒有真正從她出發、幫她解決問題，很多時候也沒有依照她的狀態去給予協助。我只想趕快脫離眼前的她，不想見到她有缺陷的樣子，只想著自己想要的郭韋齊。

多年後我才發現自己錯誤的心態，現在，我要很鄭重地向韋齊道歉。之前我一直想脫離身障生家長的身分，想掙脫「不自由」的束縛，因為只要韋齊沒法獨立，我就永遠視生活為桎梏，沒有辦法做自己想做的事。

我的心思都在考慮自己，並沒有想到孩子需要媽媽給她什麼，我沒有理解她在每一個階段的需求，反而對她的態度只有「懊惱」，只要她不合我意，就覺得她是個「叛逆者」。

常有人認為郭家父母對女兒過多保護、干涉，甚至掌控，其實是因為韋齊除了肢體不便，還有外表看不到的腦傷，讓郭家父母無法放手。

他們當然希望韋齊能夠獨立自主，但目前仍有些「點」還沒打通。韋齊媽媽認為，韋齊在「充分理解別人的意思」、「正常應對及建立人際關係」、「有條理地解決問題」、「做正確決定」等四大任務上還沒有完備，郭家父母因「革命尚未成功」，仍須持續努力。

韋齊媽媽分享：

現在，我希望自己能懂得她要什麼，我會努力地理解。例如韋齊喜歡使用手機，使用上一遇到問題就會一直纏著要我幫忙，我會回答：「妳不是比較厲害嗎？自己弄啊！」、「妳自己解決」，這就是完全不對的方式。

因為韋齊腦傷，不能理解別人說話的真正意思，我應該要用她能理解的方式解釋給她聽，這樣她才比較容易知道要做什麼決定。

是修手機、換新手機？讓她清楚知道要採取什麼行動，或需要手機行老闆怎麼幫忙、重要資料怎樣保存？如果要換手機，就要考慮自己是否有足夠的錢，這些都不該是我的決定，而是她要做的選擇。

因為我對她的了解比較多，在「理解他人說的話是什麼意思」這方面她常需要我的協助，即使我出國，她仍然每天打電話要跟我討論解決問題的方法。到底我要幫她多久？其實，她現在腦傷恢復得越來越好了，只要不斷給她刺激，就可以慢慢在腦中產生不同的「路線」，這就是她的成長與改變。

韋齊媽媽說，韋齊很有個性，加上她自己也不喜歡強求孩子什麼都聽她的，所以，教韋齊只能用時間來陪伴，找出雙方都能接受的平衡點，才能順利過生活。

韋齊媽媽分享：

以前我對韋齊的態度的確有很多地方十分惡劣。我雖然自以為很愛孩子，不斷給她很多東西，可是態度是傲慢的。早些時候我的觀念是：

父母很努力幫你做很多事，你就應該全盤接受，沒有選擇權，沒有自主權，只要我要你做，你就都要做到，否則就是對不起我。

實際上這是為人父母的迷思，我們應該要知道自己這樣是做錯了！

如今反思早期與韋齊的互動，才發現自己並沒有原諒這個孩子。我認為就是因為她小時候不好好吃飯、不怎麼樣怎麼樣，才會生這場大病，讓我放棄很多我原本想做的事情。

其實不是這樣的！如果我能誠心接受這個「挫敗」，就可以很平靜地與她溝通，不會一直傾注負面情緒在我們的關係中。早期我們母女之間緊張的關係，警醒我需要考慮哪裡出了問題，心中有哪個怨恨沒有解除。

為了照顧孩子而放棄自己原本想做的事情或計畫，是許多身障孩子的家長共同的矛盾與痛苦。當社會讚許、表揚家長對孩子無私的奉獻時，讓這些家長在疲憊中擠出一些笑容，彷彿就獲得了快樂的結局。

然而，身障孩子的家長所承受的教養責任其實超過一般家庭太多了，完全由他們承擔照顧的責任，其實很不人道。與其讚美、歌頌身障孩子的家長有多偉大，不如用鼓掌的雙手幫他們分憂解勞，讓他們能像其他家長一樣，可以過屬於自己的生活，做原本計畫想做的事情。

韋齊媽媽提到的「挫敗」究竟指什麼？是指韋齊生病這件事，抑或與韋齊的互動？其實，無論是什麼樣的挫敗，都不是任何人的錯，不需以認錯的方式來處理。誰都沒有錯，郭媽沒有、郭爸沒有，韋齊也沒有。

但韋齊媽媽的負面情緒確實存在，即使這樣也沒有關係，更重要的是「活在當下」，如喬·巴卡金（Jon Kabat-Zinn）博士對「正念」所做的定義：「正念就是有意識地覺察，專注於當下這一刻，而不附加任何主觀的評判。」

正念的覺察不是模糊不清的知道，而是對正在進行的事情進行深度關注，盡可能讓自己專注於當下。若發現又習慣性地想到過去或未來，就要把注意力慢慢拉回當下。這樣的練習，會使我們更快從負面情緒中走出來。

「不附加任何主觀的評判」，練習起來則更加困難。因為生活中處處充滿對自己或別人的評價。正念是練習從旁客觀觀察，不加任何評判。世界是一面反射的鏡子，清晰、公正、無分別。

正念意味著全然感受生命（即使有時很痛苦），對每一種體驗充滿好奇心和勇氣。學習在任何時候保持淡定，只有「接受」才能做出冷靜、明智的決斷。正念是接納、和藹、開放、寬容、放下、不牽掛，認真過現在的日子。

04 致東昇，媽媽的真心話

這本書有許多地方出現「東昇」這個名字，也就是郭家的兒子。我本來擔心，這個做弟弟、做兒子的會很生氣，但現在我更相信，因為郭媽媽對東昇的愛，才會反覆提及對東昇的歉疚，以及看到兒子有好表現時展露的欣慰。

韋齊媽媽分享：

有些父母為了照顧身障的孩子，不得不「減少」對其他手足的照顧，使他可能因為缺乏父母關懷而身心受傷。實際上，「分離」或「疏忽」都不是受傷的主因，真正的重點是情緒表現，也就是關愛的程度。

健康的孩子在面對身障手足時，也有他自己想不通的地方——明知對方有狀況，但還是覺得很不平衡，好像那個手足把父母的愛全占據了。

他需要父母的時候，做家長的沒能在他身邊給他支持，他要何去何從？所以會有某些不良反應，想讓父母做一些反思，其實也是一個很棒的調整提醒。看到孩子有一些不是我們能想像的變化與發展時，父母就更要了解孩子為什麼變成這樣？我也開始重新考量，自己對待這兩個孩子的方式到底對不對？

省思多年來對待兩個孩子的方式，我要向東昇說對不起，雖然眼前沒有什麼很大的作用，可能需要時間吧！我也需要把自己調整得更好。

韋齊媽媽所說的自我調整，是指近四年來到福智基金會虔心學習佛法。透過多次與自己的內在對話，她解開了多年來心中諸多不安與迷惘。

「學習」，是韋齊媽媽最常做的事。虔心學佛後，她更能看到自己的缺點，但真要改善，仍然是一條辛苦而漫長的路。所以郭媽想要靜靜地學、慢慢地調整待人的方式，她覺得自己一定要調整，否則也會成為「病人」。

韋齊媽媽分享：

以前犯的錯就不可原諒嗎？倒也不是，因為犯過錯，現在我才懂得怎麼自我調整。我知道自己犯錯，這就是一件好事，之後要不要改變，更是關鍵所在。

每一個改變都是一次契機，可創造充滿希望的未來。總比犯了什麼錯都不知道，整天覺得自己是對的，好得太多了。

東昇眼前還看不到我的改變，他現在拒絕與我、韋齊溝通，我可以理解他的態度。因為他認為韋齊的所有表現，都是我造成的。他討厭韋齊，更確切地說，他討厭我，從很早就開始討厭我了。

他會對我好，是因為我是他的媽媽。而且他還需要我給他各種支援，所以不會對我說出不恰當的話。這表示他已經用嚴格的標準在要求自己了，但我沒有珍惜，只是不斷給他製造問題。

他現在不願意接受我這樣的對待，也因為他這樣的反應，我才有機會好好自我反思。

沒有人願意被討厭，郭媽也不喜歡被兒子討厭，除了自我反省、找出自己的盲點，應該還有其他方法吧！不要一味自責、過度承擔。可惜，東昇不願意與外人談家庭的問題，所以目前無法得知他真正的感受。

韋齊媽媽分享：

如果東昇沒有表現出他的不滿，我不會思考得這麼深，我覺得這也算蠻幸運的，他一直在提醒我，有時會問我：「這樣對待姊姊，對嗎？」就是要我深刻思考。

他也曾說：「媽媽，你到底有沒有在思維？」他覺得我是一個沒有思維的人嗎？可能是因為我的脾氣一來就爆發，沒有考慮到周圍的人是不是會因此受傷，他常常不理解我有時因為脾氣爆發而不像個人了，但為何下一秒卻又可以有說有笑。

東昇覺得我大部分時候對很多事情都是跟著情緒跑，不太理智。他一直在盡一個兒子的本分，可是我壓過頭了，他不想再承受這樣的壓力。東昇拒絕與我溝通，不願再像以前一樣，我叫他做什麼，他就順著我，現在，我叫他幫忙做什麼，他已不見得願意順著我了。

東昇以拒絕溝通的方式來提醒郭媽要控制自己的情緒，同時表達對姊姊失控狀況的失望。但，郭媽聽到東昇心中的吶喊了嗎？效果如何？

韋齊媽媽分享：

東昇跟韋齊的相處狀況一直不佳，他覺得姊姊是他沒有辦法駕馭的人。當初我只要求兒子能獨立、做好自己的事，讓我可以專心帶姊姊，他就不用再擔心姊姊了。可是沒想到後來韋齊失控，爸爸、媽媽都沒有辦法掌握姊姊的狀態。他當然擔心將來要怎樣陪伴姊姊，這造成他很大的壓力。因為，眼前爸爸、媽媽都沒有辦法解決，他以後該怎麼辦？

現在我知道我的做法是不對的，對於韋齊，其實只要做個陪伴者就好。什麼才是真正的陪伴？就是理解孩子，而不是去駕馭孩子。我們沒有真正理解、同理姊姊，所以也沒辦法教弟弟成為一個好的陪伴者。陪伴者的心態至少不可以對立，我自己就沒有做好，我一直跟姊姊很對立。

東昇想跟父母述說自己的壓力，但可能因為累積得太多了，不知從何說起，只好拒絕溝通，或透過別人的心聲來轉述自己的心情。

韋齊媽媽分享：

東昇曾經傳一篇社團法人高雄市家庭照顧者關懷協會的文章給我

看，名為〈照顧悲歌／一個一直被忽略的乖小孩〉，他希望我明白有個身心障礙手足的心情。部分摘錄如下：

手足裡面從小就有身心障礙者，父母會暗示其他正常的手足在外面要照顧他，譬如：唸國小時不但在學校不能假裝不認識，還被囑咐在校要「就近照顧」。

因為有身心障礙的手足，所以在校很自卑而且還常被歧視，變得不敢交朋友，孤單又內向。步入青春期明明需要同儕，明明有很多澎湃的情緒需要出口，但還是只能壓抑隱忍自己的需求，因為家裡已經很慘、很悲傷了，「做自己」是一種奢侈。

父母漸年邁，把身心障礙的手足逐漸託付給正常的手足。正常的手足可能因此覺得自己不配婚姻、不配被愛，而選擇終身孤單。另外一種是找到配偶結婚，但有家庭後大多會把手足送到機構安置。

家裡有身心障礙的手足，正常的小孩彷彿被父母「變相懲罰」。父母的愛永遠放在身心障礙手足的身上，自己卻沒有權利叫苦喊累。除了要分擔父母的負擔，爸媽還可能暗示他日後要照顧身心障礙的手足。因此擔心自己不能像一般人一樣成家立業，對人生感到悲觀、憤怒。

其實，郭家父母是想承擔照顧韋齊的全部責任，希望東昇過自己想要的生活。但東昇可能也矛盾吧！他做不到完全不考慮父母的狀況。

韋齊媽媽分享：

我只是不希望東昇製造第二個麻煩，而不是真心地愛他。我知道他很恨姊姊，因為他沒辦法想通，為什麼一定要對姊姊好？他背負的壓力有誰看得到？每個人都要求他對這個家庭做很大的承擔跟付出，可是誰知道他的苦？多少人能體會他要承受什麼？

東昇覺得爸爸很偏心，但後來因不再對爸爸有太多要求，所以跟爸爸的關係比較好。或許他對我的期待比較多，因為他覺得爸爸始終只會給他吃穿，沒辦法給他精神支持。

他看到的是，當我和姊姊發生衝突，爸爸置之不理。是爸爸覺得沒有辦法解決？還是他沒試過？這部分弟弟怎麼也沒法理解。

所以他很氣，一直問我：「為什麼爸爸可以置之不理？母女已經鬧僵到這種地步，都打起來了，爸爸為什麼可以躲在房間不出來？卻要我來承擔這些事情？」東昇讀大學時住校，那時韋齊曾因為跟我吵架而離家出走，當我跟他講姊姊離家出走的事情，他只能乾著急。他覺得納悶，為什麼爸爸在家裡卻不處理這件事？要讓一個在外縣市的人，擔心家裡兩個女人的狀況。

看到這兒，你可能跟我一樣，不論對郭媽或東昇，都說不出什麼話來。因為，這對母子對彼此的期待越高，相對失望也越大，兩人的心都受了重傷。

05 致郭爸，郭媽的真心話

當年夫妻沒有離婚，決定一起照顧孩子，但因為管教態度不一致，也確實影響了家人關係。外人看來，郭爸將教養責任幾乎交給郭媽，這是信任，但同時也是一種壓力。

韋齊媽媽分享：

爸爸剛開始想帶韋齊一起離開人世，後來他轉念，覺得自己唯一能做的是順著韋齊，讓她自由自在，他當一個標準司機就夠了，教育這塊讓我來做。爸爸一直以來的概念是給孩子有吃穿就好，韋齊不管做了多麼不懂事的事、說了多麼不合適的話，爸爸都不會多加責備。爸爸認為只要韋齊能夠行動方便，他就已盡到父親的責任了。

弟弟覺得不對勁，爸爸怎麼可以這麼寵姊姊？怎麼可以不論姊姊做的是對或錯，全都順著她？我也認為就是因為爸爸過度寵愛韋齊，我才沒辦法好好教導她，只要看到爸爸對韋齊順得過頭，我的火氣就上來了，然後把氣出在韋齊身上。

其實沒辦法教好韋齊這件事，問題還是出在我身上，不能怪爸爸。這是我造成的，不能找藉口說是爸爸讓我不能把韋齊教好。

對孩子太順從或過於嚴格，都是極端的作法。尤其是其中一方過於寬鬆，另一方為了平衡而不免更趨嚴格，結果雙方都更加極端。父母都要參與教養兒女的工作，並分工合作；才能及早覺察其中一方的不妥，而及時校正。

就像領導，若由一人負責領導，其他人只要跟從；看似簡單有效，也最容易犯錯，把大家帶到危險的方向。所以還是「團隊合作」較佳，「共治、合議」可分擔責任。

郭媽承認自己是個強勢的人，多年來可能造成郭爸不少壓力。郭媽的抱歉表現在主動幫夫家做更多事，且讓郭爸善盡人子之孝。她其實也很欽佩郭爸，願意屈居家中老二的地位，讓太太做家中的主要決定者。

韋齊媽媽分享：

我知道自己的強勢會變成旁人的壓力，韋齊的爸爸不願意處理，他會乖乖在一邊讓你發飆。但這也是一個重要的關鍵，他願意當老二，聽別人指揮是不容易的事。我們兩人的教育程度跟概念落差非常大，夫家與娘家也截然不同。

他較年長才娶我的，他覺得我可以處理很多他處理不了的事。就連他的家人、爸媽也幾乎是我在照顧，他們的病痛有我關心，這一塊他都不用擔心。

他的媽媽情緒不太好，當他娶了我這個媳婦後，我可以和婆婆處得很好。我雖然是最小的媳婦，可是給公婆的關愛最多。不論他們生日或生病，所有事情都是我在張羅，包括帶他們看醫生、拿藥。公公過世前兩年，我讓先生住在南部陪爸爸、媽媽，時間長達兩個月。公公吃不下飯時，只要我要他吃，他就勉強吃一些。

因為對夫家的付出很多，所以先生的心裡很感謝。他在這個家相對能做的事有限，他知道我要承擔的壓力比一般人多很多，但他沒辦法跟我一起分擔，因為很多事他不會，必須我自己處理。

兩個小孩的教育或是做重要決定，幾乎都是我負責。他的最大用處就是勞力的事，因為我比較沒體力，所以就由他開車、煮飯或搬東西，這一塊我可以完全不做。

06 韋齊媽媽，加油！

韋齊出事後雖然有很多人幫忙，但真正從頭到尾參與的，只有懿貞一人。有時不免感到孤單吧！難道沒有放棄的念頭或無力感嗎？

韋齊媽媽分享：

很多人會走上絕路，就是因為承受不了過高的名氣，那是一種「搆不到」的感覺。自己覺得慚愧，於是乾脆走掉、不要面對。明明「名實不符」，還要假裝自己很好。既不願意面對虛假的狀態，但真實是什麼，又抓不到。但同時，也沒辦法面對自己的缺憾。

我為什麼會走向宗教，就是因為達不到那種太高的標準，讓人喘不過氣，又沒有方法解決。心有餘而力不足、找不到出路時，就會走上絕路。因為明知有問題卻找不到解決的方法，這是最恐怖的。

如果有方法，當然可以解決啊！像我現在就找到方法了，所以覺得問題比較簡單，可以慢慢解決，只是需要時間，我已可以逐漸調整自己。如果想改變卻找不到方法，那種恐慌、過不下去的感覺，是很可怕的。只要你願意多花一點時間找到好方法，就有機會「重生」。

我不會很負面，因為只要慢慢調整就有希望。別人給我的評價，我都不很在意，因為我知道自己要什麼。這種心境的轉變，是在學佛四年來慢慢體悟的。

佛教講空性——因緣和合，師父也一直強調教育是人類升沉的樞紐，所以我相信「佛畏因，人畏果」，佛教就是教你「離苦得樂」。

我的個性比較樂觀，因為我擁有足夠的愛。一個人若有足夠的愛，所有的痛苦就可以承受。我的媽媽雖然什麼事都做不好、很多事都不會做，可是她卻是給我最多愛，是陪伴我最多的人。

從她身上我看到所謂「傻人有傻福」，她很懂得感恩，就算人家給她破爛的東西，她還是很感謝人家。過世之前她都有收回收品，也去聽賣藥的老人講座，買了很多東西。我覺得，那未嘗不是一個讓他們度過無聊後半輩子的方式。

韋齊媽媽的力量來自家人充沛的愛，尤其是母親的身教，因而培養與奠定了她正面的性格，能堅持貫徹目標。再加上後來有了宗教信仰，心靈有了指引，更容易看到正確的方向。

韋齊媽媽分享：

我的力量來自信仰，這部分更加重要。我覺得人真的需要有個信仰，教你如何從善。人與人之間難免勾心鬥角或有看不清楚的盲點，以我現在信仰的佛教來說，就是一個可以幫我看清全貌的指標。人類看事物都有侷限，我們看東西會有很多死角，觀念也是這樣。學佛期間，我也學著從全面看事情、朝著正向去看，我覺得找答案相對容易很多。

我的正向力量還來自手足，韋齊出事的時候，如果沒有我的兄弟姊妹給我的言語與行動支持，告訴我：「只要你下的決定，我們都支持你；你有什麼困難，一定要告訴我們。」我真的撐不下去。

手足是一輩子的，如果手足的狀態不好，我們也不可能完整。當手足有困難，一定要趕快伸出援手，幫助他等於是幫助自己。越早支持他，日後的問題也越少。

07 韋齊爸爸的柔情

韋齊的成長，處處充滿媽媽的身影，其實郭爸仍不可或缺。因為郭爸的「以柔克剛」，才使郭媽及韋齊這兩個郭爸最疼愛的女人，過得更幸福。

韋齊爸爸分享：

我比較晚婚，快四十歲才有韋齊，當時我到處告訴別人：「我家有個大美女。」一場驟變，使我幾乎活不下去，甚至想帶著女兒一起離開人間。

大病初癒的韋齊，出乎意料地不吵不鬧，總是笑瞇瞇。純真的笑容，使我打消求死的念頭。這些年來我陪著女兒到處表演，我覺得：「看表演的人如果能因此改變不好的想法，就有價值了。」走在大街上，韋齊仍然會感受到陌生人異樣的眼神。但是她對生活的嚮往，漸漸超越肢體的障礙，她更好奇及想多探索這多采多姿的世界。

郭爸也許不善於言辭表達，也不知如何幫助韋齊規劃與發展生涯。但他陪著韋齊參加所有戶外挑戰與各項演出，他幫韋齊搬起沉重的鍵盤或表演道具，長途的專車接送等。他的付出不可謂少，他是絕對的「男人百分百」。

郭爸四十歲有了韋齊，父女倆感情深厚。

韋齊爸爸分享：

出院後的韋齊經常笑臉迎人，反過來安慰想要自殺的我，這才使我想通了。我將韋齊的狀況看成「重生」，更珍惜她活下來的生命。

韋齊的堅持、勇敢、決心、毅力無人能及，讓我十分佩服。她的個性堅韌，很有自己的想法。只要是她想達到的目標，不論騎腳踏車環島、爬玉山、勇渡日月潭等，天氣再冷、雨再大、身體再不舒服，她都絕不放棄。

韋齊的本質就像一隻「鬥雞」，越是困難的事，越能展現她的能量而想要突破，韋齊的意志力及毅力真的十分驚人。老天爺既然留她一條命，一定也給予她特別的使命，要她活得更精彩去影響別人，尤其是對中小學生。所以日後她的生命教育演講，更要設法觸動學生的心靈。目前韋齊的收入不穩，換義肢更是每次就要十到二十五萬元。但我相信她，因為她是最棒的，天底下沒有她做不到的事，所以我不擔心。

韋齊的知足常樂、認真踏實、永不放棄，應該是得自爸爸的身教與讚美。韋齊是爸爸心目中「永遠的大美女」，是比完美還要完美的好女兒。郭爸非常賞識女兒，他是韋齊永遠的超級粉絲。郭爸也許感性大於理性，也許過於寵愛韋齊；但知道他所受的苦之後，就可以諒解他為什麼會這麼做。

韋齊爸爸分享：

韋齊說她最喜歡去監獄表演，「看到他們原本很臭的臉，在看完我跳舞就不一樣了。」韋齊還自發地買了小卡片，手肘夾著原子筆寫下勵志小語，像是「有錯改過就好」等。她越寫越開心，巡迴表演期間，至少送出上千張卡片給受刑人。

她對受刑人說：「我這樣都可以跳舞了，你們是不是也要努力點？」受刑人感動的回應，這些一次又一次地安慰了韋齊爸爸。韋齊的生命力鼓舞了全家人，每次郭爸回家看到女兒的貼心小卡片：「爸爸，您辛苦了」，就覺得一切都值得了。

女兒是爸爸前世的情人，除了今生繼續呵護之外，還要牽著女兒的手，把她交給能好好照顧她的「情敵」。然而，郭爸與郭媽一樣，既希望女兒有好的歸宿，有人可以繼續照顧女兒。但更擔心找不到合適的人，使父母更不安心。

儘管大家都勸郭爸要「放手」，讓韋齊真正獨立。郭爸也知道「應該」如此。但實際上，郭爸還是盡一己之力，能愛女兒多久就是多久，之後的事誰知道……。

08 給有身障孩子的家長一些建議

我很好奇，以韋齊的成就來說，一定很多特教生家長搶著問郭家爸媽教養的絕招吧！郭媽卻說：「並沒有！」為什麼？是因為特教生家長太傷心及絕望嗎？

學校輔導室可以善用郭家父母這樣寶貴的人力資源，幫助其他父母成為特教兒成長的助力，否則就會成為最大的阻礙。

韋齊媽媽分享：

韋齊的個性比較強悍、霸道，她要的就是要、不要的就是不要，所以要針對她要和不要的去幫她，盡量走在正確的道路上，這就是我們要陪伴她的地方。她不要的，如果對她沒什麼傷害就算了。但如果她要的，可能對她的幫助很大，我就會努力去找到可幫她的「源頭」。

身障生父母的差距也在於此，有些父母非常積極與團結，一起幫助孩子成長，同心同願的時候，那種力量很不可思議。反之，若父母撐不住時，就可能傷害身障兒女。

特教兒的教養與發展困境，不僅在障礙的狀況與程度，也在孩子個別的人格特質。這部分與一般正常孩子類似，但表現出來可能更加強烈。一般孩子稱為「倔強」，特教生就會看來「強悍」。仔細想想也不難理解，特教孩子若不採取「放大版」方式來為自己爭取權益，不是更容易被忽略嗎？

特教生家長也常給人這樣的印象，只因需要為孩子爭取對一般家長而言「理所當然」、「視而不見」的權益。其實這也是「人權」，只是多數人並未失去，因此不能體會。特教生的強悍與父母的強悍相結合，就能產生爭取身心障礙者「基本人權」的龐大力量。

韋齊媽媽分享：

身心障礙者的父母為什麼壓力特別大?因為他們必須在很短的時間

內學會原本不會的東西。之前沒有經驗值，一切要從頭開始，而且要馬上反芻出來給孩子。必須在最短的時間內全部呈現，壓力就是這樣來的。

父母的壓力過大，就會排山倒海地倒下，而且是一家子全倒。所以父母撐得住或撐不住，是一個很大的關鍵。想撐住就一定要不斷地學習，才有新的方法，讓最好的東西一點一滴的跑出來。使特殊的孩子在新的概念裡，一點一滴的學到。

身心障礙學生的家長要自我鼓勵：「這是上天給我的試驗。」甚至樂觀的認為：「上天知道我的能力足夠，所以把身心障礙的孩子交給我照顧。」若無這些樂觀奮鬥的自我精神喊話，可能就撐不下去。特教生家長更具體的力量來自學習，這樣才能真正幫到孩子。而學習最快的方法，是參加相關活動或同質團體。

韋齊媽媽分享：

不管是身障相關活動或身障團體，參加還是比不參加來得好。因為人離不開群體，參加就比較容易走到社會裡，不參加最後會變成孤立者，得到的資源也較有限。

如果能熱衷投入一些團體，還可以提升自信心和貢獻度。所以我覺得參加得越多越好，這應該是互利、共好吧！有哪些同質或相關團體，上網就可查到不少，大家可藉此好好談心或交換經驗，例如「天使心」就是一個支援團體。

早期我們並沒有跟哪些團體連結，「玻璃娃娃協會」算是第一個接觸的身障團體，因為沒有嚴格要求一定要是玻璃娃娃才可參加。我會去參加是想至少有一些活動可以轉移注意、放鬆心情，引進的資源也可能比較快、比較精準，多少能得到某種程度的幫忙。

不要落單、團結力量大、朋友不怕多，這些話對一般人而言是金玉良言，對特教生家長更是「核心概念」，需要好好經營相關的社群或團隊。參加比賽或參選某些獎項，不論是否得獎，都是特教家長及孩子成長最快的方法。另外，韋齊還能找到資源協助她戶外挑戰，這部分更是難得。

韋齊媽媽分享：

我覺得重點還是在父母身上，父母一定要積極讓孩子接觸人群，不管是相似的或是一般團體，都不要離開群體。如果你自己的能力已經不足，又不去借助別人的力量，可能就會越來越沒力。

借助別人力量來自我提升，也可以讓這個社會減少負擔，使資源不會浪費，你也可以得到需要的資源。最後自己也變成給予別人資源及支援的人，這就是一個良性循環。

「幫助別人」跟「被人幫助」不是單向的，我們不會永遠「受助者」，總有一天可以變成「助人者」。

人們都需要互助合作，何況障礙者？他們是明顯需要被協助的人。但協助不是施捨，受助不是被憐憫，受人幫助與幫助別人是動態、循環的關係。大家都應該敏銳地注意哪些人需要幫助，不吝伸出援手。讓「幫助」（施者對受者）與「再幫助」（受者對更多受者），形成更佳連結。

但若觀念與態度不正確，施與受之間，就都很不愉快。

韋齊媽媽分享：

身障生及其家長容易跟老師起衝突，尤其是多重障礙的孩子。我覺得說來說去還是要家長先鼓勵孩子建立自己的能力，不能一直指責或擔心別人歧視。我覺得身心障礙孩子的家長一定要有一個概念，就是先要求自己，不要覺得都是別人對不起我。

無論如何，不要認為孩子不行就不努力，先努力再說吧！不管他好還是不好，努力過總比放棄好吧！有誰知道那時候笨笨的韋齊，今天可以變成這麼有社會影響力的人，這是沒有人可以預期的。

如果不是一點一滴地累積，可能有今天的成果嗎？總不能一直等別人捐錢給她吧？其實身障者也能幫助這個社會。之前韋齊在路上看到昏倒的老人，就狂奔到派出所去報警。幾百個孩子裡，只要有一個小孩因為韋齊的演講而改變，就等於又救了一個家庭，韋齊的貢獻並不小。

即使一般正常孩子的家長，都不一定能成為好父母，何況是要教養特教生？他們的狀況更加複雜。想具備教導特殊孩子的「即戰力」——立即上場作戰的能力，就需要堅強的意志、大量的學習，以及周遭的同理心與協助。

韋齊媽媽分享：

身障生的父母更要好好學習，夫妻中至少一人要努力學習；如果父母都不學習，特殊孩子就等於被放棄了。為什麼有些父母面對孩子這麼嚴重的狀況，可能還是不肯學習？是不是因為他們「不接受」眼前的狀況，還想照著自己的概念做自己的事呢？

照顧身障兒真的很無力，有可能他們覺得只要孩子有飯吃就好，不會想讓這個孩子更好。所以他們只想接受一些補助或有人救助，有一筆錢可以養大孩子就好，沒想過讓孩子真正的獨立。我覺得雖然有人來關懷，很多地方也都有贊助，但還是應該要自我提升。我鼓勵韋齊學畫畫，就是一個幫孩子自我提升的方法。

我們曾遇到像韋齊一樣四肢截肢的女孩，父親不學習，因為他是工人，只想工作賺錢。媽媽是新住民，在學習上有困難，所以兩人都不學習。其實他們帶女兒去學習，自己也能多少吸收一些。

現在他們只依賴慈濟基金會的長期支援，他們可能覺得女兒生這個病很丟臉吧！所以不容許任何人報導他們家的狀況。是小妹妹自己心理不健康嗎？當然不是，但她的父母心理不健康時，又有誰去開導呢？

郭家父母很希望能夠開導類似狀況的家長，他們願意將自己陪伴韋齊的經驗與挫敗與其他家長分享。但強調一定要特教生的家長採取主動，才會有效果。

韋齊媽媽分享：

如果特教生父母需要我的經驗傳承，或希望自己的特教兒能多與韋齊相處，我會要求父母自己安排聚會或出遊的時間與地點。因為，他們的主動性越強，學習及轉變得越快。

所謂幫忙，是指我們去做一件事時只是撒下種子，種子會不會發芽，要等他們自己去醞釀，這不是我們做得到的。我們只能傻傻地撒種，卻沒有辦法讓種子成長，還是要靠各自的經營。我們只要不斷把這種好的東西傳播出去，到處丟種子，就算一千顆種子只有一顆發芽，也有了希望。就不會覺得很辛苦，或是結不上因緣。

09 對教育及政府相關決策的建議

我國的特殊教育已有明顯進步，但比起身心障礙孩子需求的了解與未來的規劃，還有好長的道路。這當然不容易，即使一般生的適性教育與生涯規劃，都是最近的教育改革重點，何況特殊生？

一路走來，郭媽都不能被動等學校或教育當局安排，必須先求自我努力；找尋適合韋齊的生涯目標與方向，找到最有效的教育資源。但郭家父母對政府部門，還是有些小小的期望：

韋齊媽媽分享：

國家兩年補助一次義肢，但都只補助最簡易型，如果想要功能性高的，就要自行找經費或募款。但在制度上我有些建議，能不能不要都由義肢公司主導，經費若能放在政府部門名下的郭韋齊專戶更好。否則若把錢全部都放在義肢公司，我們怎麼知道那家公司會不會倒？

我曾當選十大愛心傑出媽媽，這是個私人協會所設立的獎項，主要是表揚帶領重度身障孩子的媽媽。韋齊是在單車環島的時候，被他們注意到的。

這些媽媽提出帶領身障孩子的問題，讓政府高層知道，希望公部門能運用公權力，協助這些家庭解決面臨的問題。可是提上去的建議十之八九都沒消息，一般都只得到口頭承諾，然後請一些高級主管一起座談，達不到比較實際的成效。

郭媽希望政府能加強社工的編制與素質，使特教生家庭更快速、有效找到有用的資源。以免因錯過資源而遺憾終身，或根本不知道自己錯過了什麼而終身抱憾。

韋齊媽媽分享：

有個想法想提出來討論看看，我覺得社會局的社工應該加強，社工如果本身有身障的兄弟姊妹或親戚，這樣的人可以優先錄取，因為他們的同理心可能會比較足夠，能替身障者申請或建立更好的制度。

臺灣的社工人力與能力，我覺得還不足夠，所以無法定期追蹤身障孩子的狀況。如果孩子還就學，可能會從學校得到支援，除此之外就沒有資源了，只能靠自己尋找社會團體援助，例如自閉症患者可在心路基金會接受訓練。

後記
不再讓你孤單

在韋齊成長的過程中，爸爸、媽媽是第一順位的主角，媽媽更是郭家主要的決策者與發言人。因為韋齊腦傷的關係，記不得早期發生的事，這本書主要是記錄下與韋齊媽媽訪談的過程，藉由她的回顧，以及與許多韋齊生命中的天使對談，作為本書的主要素材，梳理韋齊成長至今的歷程。期望有一天，韋齊可以自己再寫、再畫出屬於她自己的傳記。

採訪整理韋齊二十多年的人生，花了許多時間與心思。但最後我發現，將韋齊的成長故事做個好的「結語」或「反思」，才是最困難的地方。

當初，我答應韋齊媽媽要幫韋齊寫一個「小傳記」，不是因為她的女兒當選十大傑出青年（儘管這的確是難得的殊榮），我也認為不必鼓勵人人都以「十傑」為人生目標。而是因為我眼中的韋齊媽媽是個「超級打擊手」，當人生的變化球來襲，她不但不退縮，還能持續轟出全壘打。這絕不是她的運氣好，光靠胡亂揮棒是不可能擊出全壘打的。

面臨人生中無數的變化球，當然不可能棒棒都擊中目標。韋齊面對身體的殘缺仍樂觀面對生活，值得我們學習，但韋齊媽媽照顧韋齊二十多年來堅強與積極的態度，也是我真正讚嘆的地方。

教育真的不簡單

我在政治大學的師資培育中心教授若干「教育學分」課程，常跟未來的準教師說：

不要以為教育的知識面看來不複雜，就掉以輕心；
教育的實際面很不簡單，要因應「個別差異」而施教，
誰都不敢說自己真正懂得教育。

韋齊的狀況在教育現場雖屬「罕見」，但因目前我國特殊教育採取「融合制」，每個班級都可能有兩、三位特教學生，每位教師都會遇到像韋齊這樣的身心障礙者，這類學生一樣應該享有平等的權利。特教生所需要的社會適應、生涯規劃、情緒管

理等協助，是學校裡應有而未有的「懸缺課程」，迫切需要加強。

特教學校裡一個班編制三位老師，一般學校的教師編制相對較少，所以一般學校的班級若有三、四個特教生時，老師即難以應付，何況還有不少「隱性」（未鑑定或抗拒鑑定）的特教生存在。

然而現今的教育環境中，一般教師是否具備足夠的特教理念與教學知能呢？班上的同學、一般生的家長，在對待特教學生是否具有同理心呢？社會各界、職場是否真正地尊重、接納身心障礙人士？

從認識韋齊開始，我就參與了她的成長。對韋齊而言，「教育」與「復健」同等重要，且有大範圍的重疊。只要一段時間不見，我就能明顯感覺她的進步，但遺憾的是，同時也會知道她又承受了不少心靈創傷與實質挫敗。

「心靈創傷」主要來自不被某些老師、某些同學接納，甚至被霸凌。由此可見，除了增加特教老師的編制外，更重要的是要加強整個社會對特教生的了解。而今有許多公益組織或同質團體透過宣導影片，以軟性、吸引人的方式，增進一般人對身心障礙者的同理心。

更盼望學校——接觸特教生的第一線，能夠再更積極地運用各種方式，有效提升一般教師、同學這部分的素養，使身心障礙者得到幫助，不再被誤解、被排擠、被歧視，這才符合民國一〇八年「十二年國教綱要改革」的核心理念——自發、互動、共好。

多年來，學校教育或社會教育「很少」教導我們如何與特教生相處、如何幫助特教生，以致於看到他們時就假裝不存在，彷彿我們不會說外國語，碰到外國人就無視或有技巧的迴避一樣。

特殊教育不到位，特教生家長難免不放心，而向學校要求由特定的老師來帶領他的孩子。若是這樣，這種「挑老師」的請求，想來也合情合理。除非所有老師的特教觀念都足夠，否則特教生家長還是不想憑運氣碰到好老師，他們要確保老師有同理心，可以確保孩子在學校不會遭受二度、三度傷害。

韋齊的「實質挫敗」，則因生病導致腦部受損，造成輕度智能不足、情緒不穩定，進而影響學習成效及人際關係。尤其在升國中以後，韋齊的課業明顯不如同儕，導致在學校不受重視、沒有成就感，升學選擇也相對變窄。在我國的升學制度裡，不論怎麼變革，大多還是依照學科考試分數來決定入學順序，大學也有前後段之分，何況一般生與特教生的落差。

特教生雖有身心障礙加分或特殊的考試管道，但仍要看學校方有沒有能力（或願不願意）接受特教生。雖說《特殊教育法》規定「零拒絕」，但實際狀況呢？可能又回到老問題——一般教師是否具備足夠的特教理念與教學知能?整個學校環境是否尊重與接納身心障礙學生?而今,特教生仍然被「實質」拒絕。

韋齊找不到適合的高中職升學,甚至開始恐懼上學。升大學又遭遇一次次的拒絕,使韋齊在十八歲之後與學校絕緣。幫助過韋齊的貴人雖然都建議她再精進,但這是指進入學校系統學習嗎?或自己找資源及校外老師呢?這也令人困惑與猶豫。

孤獨星球——身心障礙者的喜與悲

造成教育弱勢的原因有兩大類,一為偏鄉、特偏、極偏學校(共約一千兩百所)的學生,因為教師的流動率高、相關文化刺激較少(包含家庭功能不足),所以無法有較佳的學習成果。另一則為身心障礙、家庭貧困的孩子,他們缺乏或需要更多教育資源。教育資源中又以「師資」最為重要,要教導弱勢的學生「釣魚」,而非不斷給他們魚吃。

二〇一八年八月,我創立「華人無國界教師學會」,就是為了替「教育弱勢者」找尋所需的軟硬體資源,破除因居住地、家庭出身、身心障礙等造成的「教育不平等」。華人無國界教師學會推出「北極星教師計畫」,希望大學生、退休或現職教師、各行各業達人、生命教育鬥士等，都能成為「北極星教師」（有給職）。以彈性方式（每週、每月、寒暑假、營隊）為教育弱勢者「引導」人生方向，使其發揮天賦。

為何名為「北極星教師」？北極星最靠近地球正北方，千百年來地球上的人們靠它來導航。迷路的人為了找到回家的路，都會抬頭尋找北極星。從人生的角度來看，北極星有引領我們到達目標的意義。

為了擴充韋齊的學習機會與成果，韋齊的媽媽努力尋找教育資源，但不是所有特教生家長都如韋齊的媽媽，那麼用心費力之後，就能有圓滿的結局。所以華人無國界教師學會一起加入幫助的行列，與特教生或弱勢家長一起幫孩子找尋生命出口，不再孤單與心酸。

特教生的生涯規劃

一般生的家長有時很難體會，為什麼特教生的家長為孩子爭取權益時，要那麼「強勢」？為什麼要設法為特殊孩子「鋪路」？其實這並無可厚非，因為目前的學校教育仍是為一般生所設計。特教生若屬於資優生，還能適合目前的教育；若是身心障礙還加上智能不足，就會變成老師及同學的負擔。

身心障礙者的一生，會與政府的兩大系統有關，一為社會局，負責核發「身心障礙手冊」；另一為教育局，負責鑑定與輔導特教生。特教生在學期間即要開始規劃未來的職涯，以免畢業後，社會局也無法有效幫忙自立與謀生。

學校仍建議身心障礙學生日後要「正常工作」——支持性就業[9]。以韋齊為例，希望她不要依賴「知名度」過活，而應有一份職業。但韋齊能做什麼呢？以有限的國民義務教育，能幫韋齊規劃哪些職涯？要不是截肢協會邀請韋齊上臺表演，甚至出資聘請舞蹈老師教她跳舞，恐怕韋齊真不知道未來的升學與就業該何去何從。

若韋齊不主動申請「支持性就業」輔導，是否只能自力救濟或依賴民間團體幫助？公部門會主動關懷嗎？整體而言，內政部及教育部能否合作，主動規劃及長期輔導身心障礙者，尤其從教育訓練著手，使其與一般人一樣可以擁有燦爛的人生呢？

[9] 依據《身心障礙者權益保障法》第三十四條而設的勞動部「支持性就業」補助計畫來說，對年滿十五歲、有就業意願及就業能力，而不足以獨立在競爭性就業市場工作之身心障礙者，提供深入且持續之職場支持等專業服務，協助其在一般職場中就業。

校園霸凌問題

二〇一九年四月，臺中市一名國中生被同儕霸凌[10]，同學每日以言語欺凌、惡作劇、肢體霸凌。他多次向導師求助，卻被回覆「這種事就算你媽媽來學校，也沒辦法處理」，結果他跳樓自殺未遂，以致雙腿變形、脊椎受傷，復健之路漫長。

學生遇到霸凌一定要先向導師、任課老師求助，這是一級求援管道。班導師無法處理，就該轉介輔導室協助，這是二級管道。三級管道就是教育局設置的「學生諮商中心」，其中有專業心理師可協助。可惜的是，這起霸凌事件因受害人求助無門，以致造成在校跳樓的悲劇。

校園霸凌指包括同校或不同校的學生之間，於校園內、外發生的霸凌行為。霸凌種類繁多，除了常見的言語、肢體霸凌外，霸凌者也會藉由網路等，以文字和多

[10] 教育部校園霸凌防治準則第三條第一項對霸凌的定義：「指個人或集體持續以言語、文字、圖畫、符號、肢體動作或其他方式，直接或間接對他人為貶抑、排擠、欺負、騷擾或戲弄等行為，使他人處於具有敵意或不友善之校園學習環境，或難以抗拒，產生精神上、生理上或財產上之損害，或影響正常學習活動之進行。」

媒體長期、反覆地攻擊受害者；也包含傷害與受害者有關的人，藉以孤立受害者的關係霸凌等。

霸凌會造成受害者心靈創傷、扭曲，也會使課業成就低落、人際疏離，甚至逼迫其產生報復性行為，轉而霸凌他人。其他後遺症還包括逃家、逃學、慢性疾病、自殺、飲食不正常、低自尊、焦慮、悲觀思維、高度渴求關懷等心理異常。霸凌者則於成年後的犯罪率、酗酒現象比例較高，所以被霸凌者和霸凌者雙方都需要輔導。

而今，對於霸凌的預防與處置，教育相關法規（例如《校園霸凌防制準則》）訂定得非常詳盡。雖然對過去韋齊遭受校園霸凌的痛苦無法補償，但至少反映出這個問題的嚴重性。

盼望立法之後，學校及老師能真正重視可根本消弭霸凌行為的品德教育，不再縱容霸凌事件發生。品德教育與心理輔導的過程很緩慢，但這才是治本之道。

特教生家長的問題

1. 不接納、自我封閉

特教生家長在面對他人對自己孩子的異樣眼神時，心態上可能因為想要保護孩子、不忍心他再受到傷害，而選擇對抗甚至躲藏。這些父母不是覺得有身心障礙的孩子很丟臉，他們並不怕別人看自己的眼光，而怕外人看孩子的眼光。更嚴重的是父母本身也不能接納孩子的狀況，全家人一起封閉——不敢面對、不願談論，每個人都走不出來。

韋齊的父母反其道而行，要孩子主動走向好奇的人身旁，大方向別人說明自己的情形，學習承受這樣的眼神，直至不在意別人的異樣眼光。其實，韋齊媽媽也承認，自己並沒有真正接納韋齊的缺陷，這個關卡不是想像中這麼容易度過的。

還有一種隱藏型的特教生，因為父母不承認孩子有問題，所以遲遲不肯接受鑑定，自然也沒法獲得適當的幫助。

2. 與環境搏鬥的情緒、壓力問題

二〇〇五年，臺師大資訊教育系教授李天佑跳樓身亡，此事震撼了整個特教界。李天佑的兩個兒子皆罹患裘馨氏肌肉萎縮症，兩兄弟還有智力發展的問題；早期，臺灣社會沒有提供扶助資源，人們的指指點點卻一點也不少，不僅刺傷重病的孩子，也刺傷特殊兒的父母。

為了兩兒，李天佑決定由自己來扭轉命運，他申請美國約翰霍普金斯大學，攻讀特殊教育科技博士，將美國的特教經驗帶回臺灣，大幅改善早期臺灣的特殊教育環境。多年來，他辦活動、協助病友走出家門，鼓勵他們樂觀面對人生，是病友的精神領袖。不料，二〇〇四年長子過世，隔年次子病情加重，再加上自己患有嚴重的憂鬱症，李天佑博士再也承受不住生命的重擊，選擇從兒子房間的窗口一躍而下。

特殊兒長期依賴父母生存，照顧特殊兒對父母來說不僅是種習慣，更是繼續活下去的力量。盡心護養的寶貝能活多久？父母走後他要怎麼活下去？都是心靈深處很大的壓力。但不論如何，大家仍相信李天佑的奮鬥沒有白費，我國的特殊教育在李天佑「幼吾幼以及人知幼」的大愛精神帶領之下，已然突飛猛進。

韋齊媽媽也說，帶領特殊兒最困難的是家長的情緒控制與調適。否則家長也會成為病人，也會活不下去。所以特殊生家長要注意自己的情緒問題，以及是否有正確的抒壓方式；若覺得支撐不下去，應盡快求助身心科或心理治療。身心障礙兒童的家庭，不只是孩子需要心理輔導，家長也需要高度關懷、支持與抒壓、喘息服務。

3. 教養方式的矛盾

韋齊直來直往的個性常會傷及旁人，甚至引起他人的不悅，進而遠離韋齊，無法建立真正或長久的人際關係。不論是因為腦傷引起的性格轉變，還是因為父母教養方式的矛盾所致，人際問題一直是韋齊很大的困擾。

一般教養問題有「過嚴」、「過寬」與「父母管教態度不一致」三種，以韋齊的狀態來說，爸爸「過寬」，媽媽「過嚴」，兩者加起來則是「父母管教態度不一致」。外人及弟弟東昇看來，會覺得很矛盾，因為這樣根本管不動韋齊。

郭家父母應該也迷惘吧！最初只希望女兒快樂，其他都不多想。但隨著女兒逐漸長大，還是要應對各種人際關係。一般人不論有多少同理心，韋齊都得學著應對。妥善應對人際關係不僅是我們每個人都應有的素養，對特殊生而言更是重要的生活技能。因此，為了增進特殊生與他人團隊合作、融入群體，學校或社區心理輔導也要提供特殊生家長的親職教育與親職諮詢。

4. 放手的問題

最初，郭家父母對韋齊的未來不敢抱任何期望，認為「只有今天」、「活在當下」、「快樂最重要」。他們把全力放在復健，尤其是肢體的部分。然而慢慢發現，仍然要幫忙韋齊規劃未來。消極的是不讓她成為家人與社會的負擔，積極的更是要讓韋齊擁有與一般人一樣的生存權利，過充實及有意義的人生。

肢體復健的成果顯而易見，韋齊已能自我照顧，大部分時候也能行動自如。但別人（包含部分家人）看到的卻仍是父母保護過多，一直勸父母要「放手」，讓韋齊真正獨立。

韋齊媽媽也確實試過，她離家一段時間（佛學活動或出國），不要幫韋齊。結果，韋齊媽媽覺得自己似乎已是韋齊離不開的人了，即使她出國，韋齊仍每天用電話與她聯絡。她投入佛學活動時，家人竟然不贊成，最後只得回歸家庭，回到韋齊身邊。

韋齊媽媽對韋齊的期望是多進行生命教育演講與行善，以心靈提升的部分為工作重點，因為韋齊的經歷，可以成為鼓舞他人的力量。但韋齊目前還無法獨立撰稿，如何演講還需要家人、朋友的指導。所以外出演講時，郭媽需要陪同，郭爸要幫忙搬電子琴等道具及開車接送，父母都無法放手。

家有身心障礙孩子，親子關係往往更加緊密；好處是家庭的支持力道足夠，缺點則是如果親子間相互依賴程度過高，有些後果會難以想像。放與不放、早放或晚放，真的兩難！

親師合作問題

特教生如果學習上有困難，除了資源教室可以幫忙，還是要跟普通班導師和任課老師多多溝通、密切合作。有些家長或普通班老師覺得特教生某些學科學不來時，可以放棄，改學其他有興趣或有用的科目。但特教工作者有不同的看法，他們建議還是要學習，學習的成效可以隨著方法改善而提升。如果放棄了，就沒有該科的學習成效了，實在可惜。

特教生家長與老師之間，如果彼此有誤解或尚未磨合，可透過每學期的「個別教育計畫」會議多多溝通與討論。輔導室則要協助調和親師雙方的意見，擔任特殊生家長及導師間的溝通橋梁，減少彼此觀念與做法的差距。

身心障礙的孩子只靠學校提供的教育資源並不足夠，這類家庭需要更多支援與陪伴，這種系統化的工作應由內政部主導，再與教育部共同合作。因為要幫他們尋找所需的資源，只依靠學校或由家長努力尋找民間組織，都可能來不及，而錯過孩子成長的關鍵期或黃金階段。

完全由家長來操心身心障礙孩子的未來發展，是非常辛苦的。孩子從發生事情或先天障礙開始，到長大成人至少十幾年。如何提供家長持續的陪伴與資源，是一件非常重要的事。但學校教師往往是階段性的工作，帶領一個特殊孩子的時間只有一年、兩年，頂多三年，如何奢求導師為特教生的長遠未來著想？

若單靠家長獨力苦撐、到處向外界求助，有時會產生「不健康的」施與受的關係（某些機構會有特殊企圖或要求回報），讓家長不管接受幫助或求助無門，都是再一次的心理創傷。如果經濟條件不好，也可能因為一兩個特教孩子，拖垮了一家人（包含正常的孩子）的生活與未來。

依據《高級中等以下學校特殊教育班班級及專責單位設置與人員進用辦法》第五條之五、特教學生助理人員：「經鑑輔會鑑定，具重度以上障礙程度或學習生活上有特殊需求之身心障礙學生，置部分工時人員。」但「特教助理人員」這個制度也須好好思考、規劃，如果是擔任學校特教組的專職助理人員，人力上較無問題。但屬於特教生陪讀的時薪特教助理人員，就常很難聘到足夠的人力，更遑論為特教專業人員。

這本書並未結束，只要特殊教育工作還有進步的空間。

這本書並非郭韋齊一個人的奮鬥，還包括許多特殊兒的奮力求生。

這本書不為歌功頌德，沒有一個父母希望以孩子的苦難來換得榮耀。

這本書不為批評抱怨，大家都想要突破框架、尋找生機。

這本書與你我都有關，每個人的生命價值都值得發揮。

這本書……

圖解 正向語言的力量：與潛意識結為盟友，說出高成效精彩人生

永松茂久 著

工作不順、情場失意、家庭關係出問題……
這種時候，你會對自己說「凡事往好處想」嗎？
這麼想並沒有錯，但不夠！
因為腦科學與心理學研究證實——
正向思考若能化為正向語言說出來，更能加速心想事成！

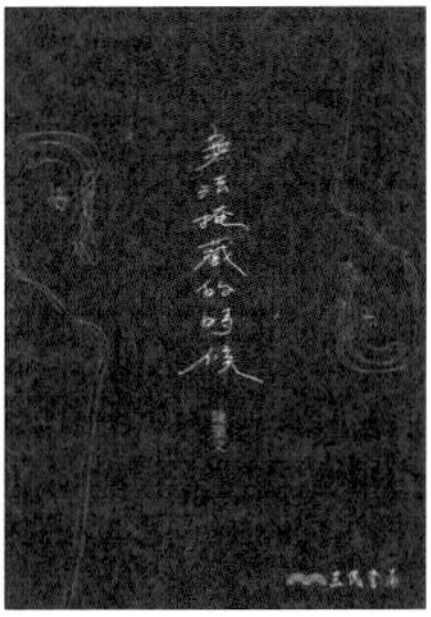

無法掩藏的時候

陳肇文 著

生命的所有經歷最終都歸結至情感以及愛。
向陽評陳肇文是「十足地表露一個醫學院詩人的冷智與熱愛，……透過詩作，漸近地、由淺入深地探索著愛與生命的課題。」
《無法掩藏的時候》收錄了作者醫學院七年學生生涯中的見聞行思，
那些點滴凝結成文字，落筆成詩，傳遞歲月遞嬗以及情思的流動。

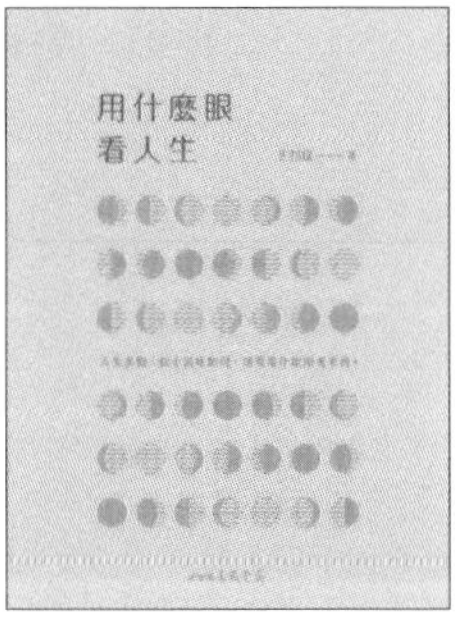

用什麼眼看人生（二版）

王邦雄 著

本書集結王邦雄教授多年累積的哲理散文七十二篇。以《中央副刊》的「方塊」文字為主力，加上散見於《人間副刊》、《國語日報》等耕耘多時的文章，依其內涵分類編排。全書按內容性質歸類為四輯：「經典活用」、「生命傳承」、「人間萬象」、「異國心旅」——經典義理要活用於今天，有待於引傳統進入現代的生命傳承；並得讓經典回歸生活、落實在人間萬象中，去進行生命價值的反思與驗證；即使走在異國他鄉，心中激盪的仍是人文經典的尋繹與感懷。

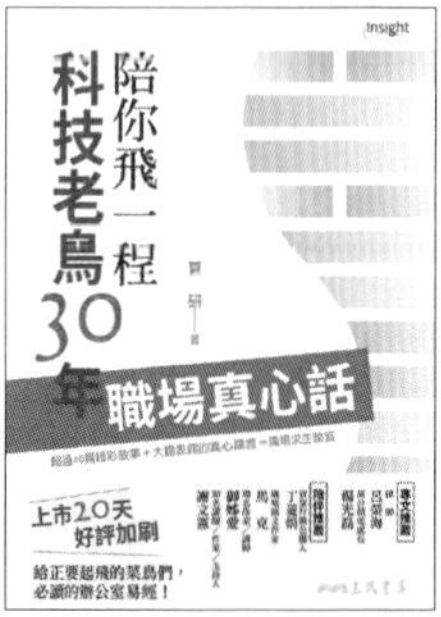

陪你飛一程：科技老鳥 30 年職場真心話

夏研　著

不認識作者夏研正常，但他做的手機你一定知道！
身為科技業界知名人士，曾在電子五哥的手機部門工作也不為過，
他曾帶領團隊創下銷售奇蹟，也曾因為決策失誤而導致團隊解散，公司倒閉。
如今他走過職場的頂峰與低谷，將所有的血淚經歷化成文字，一次在書裡揭露。

帶這本書去聖地

吳駿聲　著

曾經，身為導遊的老吳也對「聖地」一知半解，所以他一訪再訪，終於～累積領隊經驗 20 年，成為識途老馬，對中東景點如數家珍。一起跟隨書中精心安排的行程，看他分析各大教堂壁畫、地磚、祭壇、遺跡、一草一木的故事。還親手繪製「獨家」建築示意圖、景點分布圖，網路查不到、比 GPS 還精準！有了這本鉅細靡遺、知識滿載的實況導覽書，你只需要一顆雀躍的心，就能立刻出發，踏上朝聖之旅。

會做人，才能把事做好（二版）

王淑俐　著

想成為人氣王？讀完本書，保證打開人際溝通的任督二脈，讓你人際魅力百分百！想成功領導團隊？將本書當作個人進修的讀物，可以預防及化解工作上不必要的人際紛爭，增進團隊合作！想創造雙贏的性別溝通？與對方分享本書，除了可以更瞭解彼此，還能使感情加溫！

不煩歲月

王淑俐 著

本書從作者的自身經驗出發，探討熟年世代可能遇到的煩惱，試著找出煩惱的根源與解決的辦法。書中列舉多位樂觀、開朗的熟年典範，他們精彩的生命故事與非凡的情緒管理能力，可作為即將邁入或已邁入熟年世代者的榜樣。希望透過這本書，能夠協助熟年世代的朋友找回快樂的能力，邁向美好愉快的不煩歲月！